AF220300

Maria Theresia Bitterli & Dawio Bordoli

TANTRA YOGA

L'ANTICA ARTE DI TRASMUTARE
L'ENERGIA SESSUALE

Channeling con Ishvara

Seconda edizione 2022

© Ishvara Ashram

www.ishvarashram.ch

Herstellung und Verlag:

BoD – Books on Demand, Norderstedt

ISBN: 9783756238071

"Nella via tantrica della vita, il godimento (bhoga) diventa yoga, il cosiddetto vizio diventa virtù, e il mondo, altrimenti considerato la causa della schiavitù, diventa un mezzo per la liberazione."

(Kulārṇava Tantra)

Sommario

Introduzione

La sessualità è sempre stata un argomento tabù nella spiritualità. Abbiamo cercato di avvicinarci a questo tema attraverso l'antica arte millenaria del Tantra Yoga.

La parola Tantra ha un significato preciso: tecnica. È nato proprio come filosofia tantrica dell'amore che porta pienezza e intimità in una relazione grazie all'uso di specifiche tecniche sessuali. Il Tantra, noto anche come yoga del sesso, è soprattutto amore e un modo nuovo di vedere la vita.

Il Tantra[1] non riguarda la sessualità sfrenata, come ipotizzato da molti. La sessualità è un istinto fondamentale instillato nei nostri corpi per assicurare che la specie si perpetui. Questo è un requisito

---

[1] https://lameditazione.com/tantra-yoga/

fondamentale. Allo stesso tempo, bisogna conoscere i limiti oltre i quali il sesso non ci porterà. È solo riconoscendo i limiti e il desiderio di toccare altre dimensioni, che lo Yoga e il Tantra diventano rilevanti. Il Tantra è un insieme di tradizioni esoteriche indiane con radici nell'Induismo e nel Buddismo.

Il Tantra è suddiviso in due diversi percorsi: Dakshinachara e Vamachara, tradotti come il sentiero della mano destra e rispettivamente della mano sinistra. Dakshinachara è costituito da pratiche tradizionali indù come l'ascetismo e la meditazione, mentre Vamachara comprende anche delle pratiche rituali in conflitto con la tradizione induista, come riti sessuali, il consumo di alcol e di altre sostanze stupefacenti. I due percorsi sono visti dai tantristi come approcci ugualmente validi all'illuminazione. Vamachara, tuttavia, è spesso considerato il più veloce ma anche il più pericoloso dei due percorsi, e non è adatto per tutti i praticanti. L'uso dei termini "via della mano sinistra e della mano destra" è ancora attuale nella cultura moderna indiana e buddista tantrica.[2]

I sentieri della mano destra e mano sinistra sono collegati ai due principali lignaggi tantrici di Samaya e Kaula. Samaya significa "in accordo alla regola", in riferimento all'esecuzione di stretti principi di Dharma. Kaula significa "relativo al Kula", ossia "secondo la famiglia", e cioè che consente variazioni locali. Ma anche il sentiero Kaula segue un approccio di tipo meditativo, e sarebbe sbagliato porlo sullo stesso piano di quello che è comunemente considerato il Tantra della mano sinistra.[3]

---

[2] https://it.qwe.wiki/wiki/Left-hand_path_and_right-hand_path#Left-Hand_Path_relation_to_Tantra_in_Buddhism

[3] http://ilfornoalchemico.blogspot.com/2014/05/tantra-delle-mano-destra-e-della-mano.html

In questo volume andremo a conoscere il Tantra Yoga e troverete alcune tecniche dello Yoga tantrico, le quali sono state ulteriormente approfondite ponendo delle domande a Ishvara.

Yoga[4]

Lo Yoga occidentale contemporaneo inizia verso il 1900 d.C. ed è normalmente associato all'Hatha Yoga o Yoga fisico (Asana ed esercizi di respirazione). Diverse scuole di Yoga sono nate dall'inizio del '900 in occidente grazie a Maestri quali Krishnamacharya (1888-1989), Paramahansa Yogananda (1893–1952), Selvarajan Yesudian (1916-1998) e tanti altri.

Lo Yoga è una pratica che porta, o dovrebbe portare, sempre più a uno stato mentale armonioso e dev'essere attuato in piena consapevolezza sia esteriore (corporea) che interiore (mentale). Il "giogo" è la radice da cui deriva il termine Yoga, che ci mostra, così, due significati differenti: il primo inerente alla stessa forma della lettera iniziale della parola "Yoga", cioè la "Y", che di per sé, come la forma del giogo, rende chiaro che l'intento dello Yoga è unire due parti

---

4 Chakra Yoga, Maria Theresia Bitterli e Dawio Bordoli, BoD 2014.

in una sola; il secondo significato è più esoterico e riguarda il modo in cui la pratica dello Yoga lavora per unire, cioè il contatto con gli istinti primordiali dell'uomo, paragonabili all'essenza animale, che non va negata, ma va conosciuta e domata da un'intenzione profonda di ricerca e conoscenza. Lo Yoga è un insieme di pratiche ascetiche e meditative molto antiche che si sono sviluppate e consolidate nel corso di parecchi millenni nel continente indiano, e finalizzate essenzialmente alla realizzazione del Sé e quindi alla salvezza spirituale. Lo Yoga è più comunemente e semplicemente considerato un insieme di esercizi che aiutano a raggiungere o mantenere una buona salute fisica e una buona armonia interiore. Esso aiuta a risvegliare i nostri talenti assopiti e ad accrescere la consapevolezza di noi stessi e di ciò che ci circonda.

La filosofia Yoga ci insegna che è possibile essere

11

consapevoli della realtà in quanto percezione cosciente d'insieme delle singole parti della propria vita corporea, spirituale e mentale, questo in modo armonioso e senza più separazione o conflitti. Ogni livello di realizzazione nella pratica dello Yoga ha un suo significato ben preciso che può essere così riassunto: "Il Cammino è la Meta". Grazie allo Yoga, la mente diviene sempre più chiara e silenziosa, liberandosi dai condizionamenti e dai modelli di comportamento prestabiliti. In questo modo possiamo percepire noi stessi e l'altro senza paure e con il cuore aperto e libero, riconoscere tutti gli aspetti della personalità e accettarli con profondo rispetto, ed essere in grado di trascenderli grazie alla conoscenza che abbiamo di noi stessi.

"Lo Yoga non è una religione, quindi può essere praticato in armonia con qualsiasi credo religioso" (Rammurti S. Mishra, Fondamenti di Yoga).

"Lo Yoga è un sistema completo di come vivere la

nostra vita. Esso ci conduce a un nuovo modo di vita. Non è una religione, in modo che possa essere combinato con una religione per aumentare la ricchezza di una tradizione" (Joy Devi Mischala, Il cammino di guarigione dello Yoga).

L'Hatha Yoga Pradipika è un testo di Hatha Yoga ad opera di Svatmarama, un discepolo di Gorakhnath, del XV secolo. È uno dei principali testi di Hatha Yoga, insieme a Gheranda Samhita e Shiva Samhita ed è considerato il più antico testo di Hatha Yoga che è giunto ai nostri tempi.[5] Hatha Yoga è traducibile con "forza", è dunque lo Yoga della forza o Yoga rinforzante con riferimento al fatto che tale disciplina mira a dare un corpo fisicamente in forma e in buona salute, e ciò allo scopo di poter affrontare più adeguatamente la Meditazione. Il fine ultimo resta dunque sempre quello della realizzazione, cioè della

---

[5] http://www.yogapradipika.ch/storia.html

13

liberazione in vita. Fondatore dello Hatha Yoga è ritenuto essere Gorakhnath, vissuto intorno al XII secolo.

Nell'Hatha Yoga ci sono cinque pilastri principali:

1. Asana

Le Asana sono particolari posizioni o posture che vanno mantenute per un certo lasso di tempo. Aiutano a ristabilire o a mantenere la flessibilità corporea. Aumentano il flusso energetico in tutto quanto il nostro organismo apportando dei molteplici benefici sia al livello fisico, mentale che spirituale. Le posizioni dello Yoga devono essere eseguite in sequenza secondo un ordine logico. Durante le Asana è importante inspirare ed espirare sempre attraverso il naso o il respiro del vittorioso (Ujjayi). Il respiro è sempre lento, regolare, fluente e profondo. Sono i movimenti che si adattano al ritmo del respiro e non viceversa. Nell'esecuzione delle Asana i movimenti devono essere lenti e mirati, poi bisogna controllare la postura della nuca, della schiena, del bacino, delle gambe e delle braccia. Quando si raggiunge un punto di dolore, questo è un segnale che dobbiamo fermarci e non forzare oltre, ma ritornare poi nella posizione iniziale con movimenti lenti e consapevoli. Bisogna anche mantenere il più possibile una certa simmetria corporea e di movimento durante le Asana.

2. Pranayama

Il Pranayama è una pratica yogica che ha quale scopo il controllo ritmico del respiro (Prana). La parola è composta da "Prana" ovvero respiro (associato all'energia, alla forza vitale) e da "Ayama" (controllo dell'espansione). Utilizzando le diverse tecniche del Pranayama, possiamo portare maggiore ossigeno al nostro cervello e a tutto quanto l'organismo, aumentando così il Prana (incremento dell'energia vitale). Questo avrà un effetto curativo sul corpo, sulla mente e sull'anima, portando una maggiore energia e armonia in tutto quanto il nostro essere, aiutandoci anche a risvegliare le energie sottili assopite.

3. Savasana (o Shavasana)

Shavasana è il rilassamento profondo. È una parte fondamentale di ogni tipo di Yoga. Al termine di una lezione di Yoga (Asana, Pranayama, ecc.), ci rilassiamo in un profondo e meritato riposo. Ci sono differenti tipi di rilassamento profondo. Esso provoca la diminuzione degli ormoni dello stress e un aumento delle endorfine. Molti disturbi si riducono. Aumentano la chiarezza mentale e l'equilibrio interiore.

4. Alimentazione corretta (sana)

Nella pratica dello Yoga è importante anche prestare attenzione a una sana alimentazione perché ciò che mangiamo diventa parte di noi. Siamo ciò che mangiamo. È consigliata un'alimentazione variegata, equilibrata e il più possibile vegetariano o vegano (favorisce un maggior equilibrio acido-basico). Consumare ogni giorno dei cibi crudi come insalate, verdure e frutta inoltre, alimenti integrali e biologici. Sono da evitare o limitare il fumo, l'alcool, le droghe, lo zucchero raffinato, il caffè, il tè nero/verde (stimolanti) e le spezie. Per evitare carenze alimentari, si possono prendere regolarmente (facendo comunque delle pause) degli integratori naturali. Tenersi lontano da ogni forma di estremismo poiché può portare al fanatismo e quindi al conflitto con sé stessi e gli altri. Infatti, nello Yoga si parla di consigli generali ma non d'imposizioni perché ogni organismo è diverso e dunque diverse sono le esigenze.

Channeling con Ishvara:
Che cosa ci puoi dire dello Yoga?
Ishvara: È una disciplina completa.

Che relazione c'è tra lo Yoga e il tuo nome Ishvara?

Ishvara: Sono la fonte dello Yoga.

Chi è Ishvara?

Ishvara: La tua essenza.

Perché lo Yoga dovrebbe essere una disciplina anche adatta a noi occidentali?

Ishvara: Per imparare ad aprire il cuore e la mente.

Che tipo di Yoga potrebbe essere adatto a tutte le età?

Ishvara: Dipende dalla costituzione.

Lo Yoga va bene anche per chi ha problemi di salute gravi come la pressione alta, mal di schiena, problemi cronici, cancro, depressione, ecc.?

Ishvara: Soprattutto.

Non può però essere praticato da chi ha patologie gravi?

Ishvara: Al contrario, piccoli esercizi gioverebbero.

Quindi va bene per tutti?

Ishvara: Certo.

Che cosa rende lo Yoga così speciale?

Ishvara: Il fatto che copre tutte le attività quotidiane.

Ogni piccolo gesto quotidiano può essere fatto nella piena consapevolezza yogica del qui e ora?

Ishvara: Grazie allo Yoga imparerete a rendere sacro ogni attimo della vostra vita.

A chi potrebbe essere più adatto il Chakra Yoga?

Ishvara: Agli avanzati.

E quale Yoga è per i principianti?

Ishvara: Tutti possono essere per i principianti, ma lavorare prettamente sui chakra è per gli avanzati.

Per quale motivo?

Ishvara: Perché, per attivare i chakra, ci vogliano molta attenzione e cura.

Il lavoro sui chakra va ad attivare l'energia della kundalini?

Ishvara: Sì.

Chakra Yoga[6]

Chakra (dal sanscrito: "ruota", "disco" o "anello").

I Chakra sono dei centri energetici. Il nostro stato mentale e fisico è collegato direttamente ai Chakra. In essi è concentrato il cosiddetto Prana (energia vitale cosmica che si trova in ogni essere vivente), il quale si trasforma in energia spirituale. Ci sono 11 Chakra, di cui 7 sono i principali. Se praticate lo Yoga attiverete i 7 Chakra principali (Muladhara, Swadhisthana, Manipura, Anahata, Vischuddha, Ajna, Sarashara), per questo è importante conoscere i differenti colori, simboli e Mantra ad essi associati. Molte pratiche yogiche invitano a concentrarsi o focalizzare la nostra attenzione sui punti nella colonna vertebrale corrispondenti ai Chakra. Oltre che a funzionare come centri di controllo, i Chakra operano come centri di interscambio tra la dimensione fisica, mentale e

---

[6] Chakra Yoga, Maria Theresia Bitterli e Dawio Bordoli, 2014 BoD.

spirituale.

Le caratteristiche principali dei 7 Chakra[7]

I nostri centri energetici, i Chakra, sono organi spirituali che governano il flusso di energia nel nostro corpo, influenzando la vitalità, la prospettiva generale sulla vita e la crescita spirituale. Quando il flusso naturale di energia è bloccato, si può creare stagnazione, depressione e malattie. Perdiamo energia quando guardiamo il lato negativo della vita oppure anche quando ci troviamo con persone negative.

1° Chakra: Muladhara o Chakra della radice

Posizione: nella parte inferiore del bacino, tra coccige e pube.

---

[7] Ishvara Amrita Yoga, Maria Theresia Bitterli e Dawio Bordoli, 2019 BoD.

Il suo elemento è la terra e la fase della vita che gli viene associata è quella della prima infanzia, fortemente legata a emozioni come la sicurezza e la gioia di vivere. La caratteristica principale di questo chakra è la sua durezza, la stabilità psichica nelle diverse situazioni della vita, la capacità di governare gli istinti; poiché ha solo un polo, tende ad essere un po' più grande degli altri chakra. È il chakra con cui vengono assorbite le energie della Terra e scaricate le tensioni eccedenti mediante l'atto sessuale.

Quando il primo chakra è bloccato, le conseguenze sono una forte insicurezza e apatia, insieme a una perdita dell'autostima che può portarci ad un atteggiamento scoraggiato e rassegnato nelle attività di tutti i giorni. Anche la troppa attività di questo chakra non porta conseguenze positive: si può incorrere in rigidità mentale, ostilità verso i cambiamenti, aggressività ed un attaccamento eccessivo al denaro.

Dobbiamo dedicare particolare attenzione al Muladhara chakra quando attraversiamo periodi di forti cambiamenti, ad esempio una separazione, un trasloco, l'inizio di una nuova attività e in generale tutti gli avvenimenti che coinvolgono il nostro senso di sicurezza e stabilità.

2° Chakra: Svadhistana o Chakra sacrale
Posizione: metà inferiore del ventre.
Sva (il Sè), dhistana (fondamento o sostegno). Il Chakra sacrale corrisponde alla gioia di vivere, alla creatività, alla sensualità, alla sessualità espressa al massimo delle sue potenzialità, alla riproduzione, il colore è l'arancione, l'elemento è l'acqua, corrisponde alla parte del bacino, gli organi sessuali, le reni e influenza il liquido corporeo sanguino, la digestione, l'urina e lo sperma. L'acqua serve per la ricreazione, la crescita, il rinnovamento e la sopravvivenza. Il morbido e il fluido possono sciogliere ogni rigidità.

L'80% del corpo è fatto di acqua e così anche la maggior parte della Terra. La purificante forza dell'elemento ha un effetto disintossicante. A livello emozionale si raggiunge un equilibrio e chiarezza nel lasciar andare i sentimenti.

Se questo Chakra è in armonia, abbiamo la capacità d'ispirazione artistica, più sensualità e gioia di vivere e siamo disposti a voler vivere la vita in pienezza, la sessualità in modo autentico e vitale, scoprendo così la fonte interiore della creatività e dell'intuizione. Se invece il Chakra è disarmonico, allora il flusso del dare e ricevere è disturbato. Manca la forza vitale e di motivazione. Si hanno sensi di colpa, paura di perdita, insicurezza e instabilità.

3° Chakra: Manipura o Chakra del plesso solare
Posizione: metà superiore del ventre.

Mani=gioiello, pura=città, castello => città di gioielli (Gemma splendente).

Manipura significa "città dei gioielli". Secondo alcune tradizioni questo chakra è situato nella regione lombare, all'altezza dell'ombelico e per questo viene chiamato anche Nabhi Chakra, il chakra dell'ombelico. Secondo altre tradizioni è situato all'altezza del plesso solare, ovvero poco più sopra, nella zona appunto fra l'ombelico e il diaframma. Plesso etimologicamente significa "reticolo, intreccio": nella zona del plesso solare si trovano tantissime terminazioni nervose che rispecchiano e provocano cambiamenti d'umore e stati d'animo a seconda delle condizioni del cuore, del cibo che mangiamo, della digestione, dei problemi correlati. Chi ha problemi digestivi o di fegato, spesso ha sbalzi dell'umore, e d'altra parte avere problemi di umore o essere troppo ansiosi, paurosi, reattivi o iperattivi, può portare a problemi digestivi, temporanei o cronici.

Il plesso solare è la parte più calda del corpo, quello da cui si origina tutta l'energia partendo dall'alimentazione. Ecco perché, quando siamo nervosi, quando abbiamo freddo o quando ci sentiamo indeboliti, un po' di calore proprio in questa zona ci fa sentire subito meglio. Il risultato si può ottenere con rimedi semplici come bere una bella tisana calda o appoggiare una fonte di calore come la borsa dell'acqua calda proprio sulla parte alta della pancia. Il calore più piacevole è quello di un abbraccio. E il piacere che avvertiamo è il piacere della distensione e del rilassamento, un piacere che ci distende effettivamente con un beneficio reale e sensibile. Esercita la sua influenza anche sul sistema nervoso e sul sistema immunitario, come è logico aspettarsi, visto che l'alimentazione ha un grande impatto sia sugli stati d'animo, sia sulle capacità di difesa dell'organismo, sia sul benessere e la salute generale.

Ha a che fare con le parti della coscienza che riguardano la libertà di essere noi stessi, e la capacità di esercitare il nostro potere. In senso positivo, si parla di potere personale, ciò che ci fa essere pienamente noi stessi, e non dello sforzo di dominare e sottomettere gli altri. Si parla di "potere di… (fare, essere ecc…)" e non di "potere su… (qualcuno)".

È il centro del controllo personale, la capacità di agire energicamente, l'immagine di sé, l'autostima e l'autonomia personale, la personalità, lo sviluppo del sé, i sentimenti, la sensibilità, la determinazione, il fegato, la cistifellea, le ghiandole surrenali, lo stomaco, le reni, il pancreas, la milza, la parte centrale della spina dorsale e il plesso solare.

Quando il chakra è in equilibrio ci sentiamo liberi di essere noi stessi e di esprimerci come desideriamo, e permettiamo agli altri di fare altrettanto. Non abbiamo bisogno di controllare tutto, di criticare, di manipolare, di essere prepotenti, né ci sentiamo invasi o attaccati dagli altri.

4° Chakra: Anahata o Chakra del Cuore

Posizione: zona pettorale del corpo.

Anahata ==> libertà di scelta, non colpito, non ferito, fresco, pulito, suono che viene prodotto senza che due oggetti si colpiscono, il suono non emesso, suono divino e primordiale, vibrazione senza inizio e senza fine.

È un chakra cardinale, in mezzo ai sette, è il ponte di trasformazione da corpo a spirito, è la sede del prana.

È il centro di tutto, l'essenza, la verità fondamentale: l'Amore. È "il centro del perdono"; è la fonte del vero amore e di ogni sentimento; si nutre di affetti e di appartenenze; è connesso alle relazioni personali (compagno/a, marito/moglie, parenti, genitori, figli).

Nel quarto Chakra fino all'età di 12 anni, vengono prodotti gli anticorpi che ci proteggono dagli attacchi esterni al nostro corpo e alla nostra psiche, dalle malattie e altri agenti nocivi. Tutti i Chakra dipendono da questo poiché il cuore è considerato il punto centrale della creazione. Inoltre, il quarto Chakra, è la sede dello Spirito e la fonte della forza onnipotente.

Il Chakra è correlato al ritmo del battito del cuore, e qui si può ascoltare anche il ritmo dell'Universo. Anahata presiede le funzioni del cuore, del sistema circolatorio del sangue e dell'apparato respiratorio; l'organo di senso è la pelle che ricopre il corpo, gli organi di azione sono le mani.

Anahata è forse il Chakra più importante e, essendo nel mezzo, rappresenta il punto di svolta tra una vita dedicata al soddisfacimento dei desideri terreni e una rivolta al cielo e all'immortalità. Con Anahata si diventa consapevoli di ciò che è reale, non si è più sotto l'influenza di Maya, l'illusione.

Rappresenta la capacità di amare emotivamente, provare cioè un sentimento che non parte tanto dalla mente, quanto dal cuore. Occorre ricordare che, nella tradizione yoga, amore e ascolto sono in stretta relazione; spiritualmente parlando, hanno la stessa valenza.

Il quarto Chakra è rappresentato con dodici petali verdi o azzurri; il suo yantra è una stella a sei punte, sulla più bassa c'è disegnata un'antilope, timida e veloce, in uno stato di perenne meraviglia; al centro della stella si forma un esagono, che inscrive la sillaba YAM, stilizzata.

Meditando su Anahata si ha coscienza dell'amore, della compassione, della gioia; energeticamente si ottiene il potere emotivo; si diventa capaci di amore incondizionato. La verità sacra che si conosce grazie al

Chakra del cuore è "accettare l'altro per quello che è, senza cercare di cambiarlo"; l'affermazione per sviluppare Anahata è "sono degno di ricevere amore; merito di…".

Un funzionamento disarmonico dei chakra del cuore in genere si manifesta come una chiusura all'amore come meccanismo di difesa. Nei casi più estremi, il cattivo funzionamento di questo centro energetico si può manifestare con freddezza e indifferenza, incapacità a stabilire legami profondi e amorevoli.

Se il chakra è "bloccato" diventiamo esitanti, in preda a rimorsi e panico, in balia delle dualità; interiormente chiusi, rigidi e innaturali, ci è difficile rapportarci con gli altri (abbiamo paura del rifiuto).

L'apertura di questo chakra ti consente di stabilire legami intimi e profondi con gli altri, di sviluppare empatia, di provare compassione amore incondizionato nei confronti di tutti gli esseri viventi.

Se il Chakra del cuore è forte avremo una personalità sana e dinamica, colma di amore e compassione. Quando Anahata "funziona" siamo spontanei e diretti nella comunicazione, capaci di trasmettere emozioni e sentimenti, sensibili a ciò che è bello, giusto, equilibrato; nelle relazioni di coppia possiamo però esagerare, diventando troppo presenti e soffocanti.

Simbolicamente il chakra del cuore è rappresentato dal Dio Isha (uno degli aspetti di Shiva), benefico dominatore della parola; e dalla Dea Kakini (uno degli aspetti di Shakti), bella e graziosa, seduta all'interno di un triangolo puntato verso l'alto, che simboleggia la sublimazione dell'amore romantico verso la spiritualità e l'amore universale.

Per un armonico funzionamento di Anahata si consiglia una dieta vegetariana a foglie verdi; cantare in un coro; cercare sempre ciò che unisce; cercare di perdonare e perdonarsi; innamorarsi, in ogni senso.

5° Chakra: Vishuddha o Chakra della gola

Posizione: nella metà inferiore del collo e a livello delle clavicole.

Vishuddha=luogo puro.

Il quinto Chakra è conosciuto come Chakra della gola, perché è situato alla base di essa, nella zona della laringe.

È il centro energetico in cui ha sede la capacità di ognuno di noi di esprimere con chiarezza e coraggio i propri pensieri, di comunicare e confidarsi senza difficoltà con gli altri.

Le sue funzioni principali sono legate alla sfera della comunicazione, dell'espressione creativa, della diplomazia e della sincerità, alla creatività, la comunicazione, la spiccata percezione estetica. I bravi artisti, musicisti e altri servitori dell'arte sono persone nelle quali il Vishuddha è ben sviluppato. In senso spirituale, infatti, rappresenta la connessione con l'altrove, l'essere in comunicazione con dimensioni che superano l'umano.

Questo Chakra rappresenta ciò che hai dentro, ciò che consideri vero, i tuoi pensieri, i sentimenti, i valori, le idee, e le intuizioni personali, e attraverso di lui, prendono vita ed escono all'esterno.

È correlato a tutte le forme di espressione di sé, non solo alla parola e al nutrimento.

L'energia che viene prodotta in questo centro energetico infatti non serve solo per alimentare la tua voce, ma è utile a tutte le forme di comunicazione come l'espressione di sé attraverso le arti, la musica, la scienza e tutte le forme creative.

Avere un quinto chakra in equilibrio significa saper ascoltare non solo gli altri, ma anche noi stessi, rispettando quelli che sono i nostri desideri. Siamo capaci di esprimere in modo corretto il nostro pensiero, diamo voce alle emozioni senza paura. Vishuddha in equilibrio però, significa anche ascoltare davvero gli altri, immedesimarsi in loro.

Il quinto chakra è il centro del nostro lato creativo. Sappiamo canalizzare nella giusta direzione le nostre energie, riuscendo così a trovare sempre nuove opportunità e spesso, a crearcele.

Vishuddha ha come senso l'udito, tutto gira intorno al sentire. Noi stessi e gli altri, ciò che desideriamo noi e le persone che ci circondano. Un buon udito, ci permette anche di riconoscere il ritmo universale e seguirlo. Diventiamo parte del mondo veramente, connessi con gli altri senza però permettere che le opinioni degli altri ci schiaccino, ma che ci consiglino nel far uso dei preziosi suggerimenti.

Quando è in equilibrio non giudichiamo gli altri, ma li ascoltiamo. Non parliamo a sproposito, ma diciamo ciò che occorre per esprimerci e far passare il messaggio senza fraintendimenti. Si è responsabili e aperti al cambiamento.

Quando il quinto chakra funziona poco, il nostro corpo può inviarci vari segnali. C'è chi soffre per esempio di ipotiroidismo, oppure di infezioni croniche alla gola.

Vishuddha bloccato ci impedisce di esprimere correttamente le nostre emozioni. Si tende a non parlare, a tener tutto dentro. Si ha l'impressione infatti di non aver diritto a dire la verità. Porta a rifiutare il contatto con gli altri, ad aver paura di fare nuove amicizie e trovarsi in gruppi di persone che non si conoscono molto. Non ci fidiamo degli altri, crediamo che tutti fanno esclusivamente i propri interessi e non si curano di noi. C'è poca autostima, pigrizia e la voglia di restare sempre immobili.

Per riequilibrare il quinto chakra, dobbiamo lavorare molto sulla respirazione. Possiamo cantare, seguire una buona igiene orale e un linguaggio curato.

6° Chakra: Ajna, Chakra della fronte o terz'occhio

Posizione: grande chakra che si trova al centro della fronte.

Ajna= percepire e comandare.

Il chakra della fronte è la sede dello spirito e dell'intelletto, della proiezione della volontà e della percezione extrasensoriale. Gestisce il viso, gli occhi, il naso, le orecchie, i seni frontali, sistema nervoso centrale, vegetativo, la mente e l'ipofisi.

Dal suo centro hanno origine le nostre idee, i presagi e l'intuito. Il nostro guru interiore, ovvero la nostra parte saggia e lungimirante, risiede proprio in corrispondenza di questo chakra.

Ajna è infatti connesso a tutto ciò che riguarda l'intuizione, l'immaginazione creativa, la concentrazione e la lucidità mentale.

L'elemento che rappresenta questo chakra è la luce, fonte di energia e simbolo di conoscenza, e l'energia che lo caratterizza è quella della visione, che ci rende in grado di conoscere e interagire con il mondo. I due colori che gli vengono associati sono l'indaco e il viola, associati alla spiritualità e all'intelletto.

Quando il sesto chakra è in equilibrio si hanno una buona memoria e capacità di concentrazione, focalizzazione, intuito sviluppato, visioni e riconoscimento delle vere cose del mondo, percezione extrasensoriale, spiccata immaginazione e fantasia, chiarezza mentale e conoscenza di sé.

Quando il sesto chakra è aperto ed equilibrato ne beneficiano la concentrazione e l'intuizione, insieme alla capacità di immaginare e dar vita a concetti visivi nella nostra mente, abilità che riflette una profonda armonia interiore.

L'energia di Ajna ci rende maggiormente consapevoli della realtà che ci circonda e ci permette di conoscere noi stessi senza essere condizionati da desideri o bisogni momentanei. Siamo in grado di percepire con chiarezza il "qui ed ora" senza alcuna distorsione e capaci di elaborare idee, opinioni, discussioni e giudizi con spirito critico e razionale.

Quando il sesto chakra è bloccato si hanno difficoltà di concentrazione e apprendimento, mancanza di intuizione e fantasia, spirito inquieto, pensieri negativi, rimuginare, grattacapi, mal di testa, debolezza visiva, mal d'orecchio, sinusiti, raffreddore cronico, a livello fisico possiamo incorrere più facilmente in problemi alla vista, apatia, depressione, stanchezza cronica oppure insonnia e nervosismo. Sul piano psicologico perdiamo facilmente la memoria e ci lasciamo trasportare da pensieri fugaci, distraendoci facilmente al minimo stimolo. Siamo perennemente divorati da preoccupazioni, ansie e paure e ci convinciamo di essere inutili: veniamo colti anche dall'ossessione di misurare e controllare qualsiasi cosa, spinti dal materialismo e dalla rigidità mentale.

Il rischio più grande nel quale incorriamo è quello di smettere di sognare e perdere l'idealismo, convincendoci a rifiutare qualsiasi idea o stimolo che sia spirituale o non legato a fatti tangibili.

Se invece il sesto chakra funziona in modo eccessivo la nostra testa diventa pesante: un'instancabile attività mentale ci porta all'impazienza e all'egoismo, rendendoci arroganti ed egocentrici. La nostra ambizione prevale su ogni cosa, rendendo difficoltoso il rapporto con gli altri e portandoci ad una visione distorta del mondo e di noi stessi, creata da illusioni senza fondamento e false convinzioni.

Per riequilibrare il sesto chakra, possiamo effettuare una meditazione sdraiata a terra e a occhi chiusi, braccia e gamba allargati a stella, appoggiando direttamente dei cristalli sul terz'occhio. Si possono utilizzare cristalli di rocca per potenziare l'effetto delle pietre, tenendoli in mano o disponendoli in cerchio intorno al corpo, con le punte rivolte al centro. Si consiglia di scaricare e sciacquare le pietre sotto l'acqua fredda dopo l'uso.

Le pietre correlate al sesto chakra sono: ametista, fluorite, labradorite, lapislazzuli, moldavite, opale, sodalite, zaffiro, zircone.

Esistono anche suoni abbinati ai chakra che possono anche essere usati come accompagnamento per la meditazione e/o per eseguire un massaggio delicatissimo e circolare in senso orario (al centro della fronte) con 20 ml di olio di sesamo e poche gocce di olii essenziali specifici per il sesto chakra.

Gli oli essenziali correlati al sesto chakra sono: olio essenziale di angelica, di anice, di elicriso e di salvia.

Sono ottimi anche la cromoterapia, il massaggio ayurvedico (in particolare il pranico keraliano), alcune tecniche yoga o di tai chi chuan e altre tecniche affini.

Esistono infine esercizi specifici per riportare in equilibrio i chakra; si tratta di movimenti codificati in tempi antichi conosciuti come i 5 tibetani, intrinsecamente collegati alla dottrina dei chakra.

7° Chakra: Sahasrara o Chakra della Corona

Posizione: sopra il cranio.

Sahasrara= fiore di loto dai mille petali.

È rappresentato come uno splendente fiore di loto con mille petali, sui quali sono scritte tutte le lettere dell'alfabeto sanscrito ripetute venti volte.

Le funzioni principali del settimo chakra sono la comprensione, la trascendenza, il pensiero e la volontà spirituale.

La parola chiave associata è IO SO.

Sahasrara rappresenta il punto di arrivo del viaggio intrapreso a partire da Muladhara, che mette in connessione l'essere umano dalla Madre Terra al Divino. Secondo il principio dell'ermetismo "Ciò che è in basso è come ciò che è in alto", allo stesso modo i sei Chakra inferiori si riflettono tutti nel settimo, anche detto "Chakra della corona".

Il Chakra della Corona, dal sanscrito "Sahasrara", è situato all'estrema sommità del capo. È il settimo Chakra, l'ultimo dei centri energetici disposti lungo l'asse centrale del corpo. È uno dei Chakra a più alta vibrazione energetica e il suo ruolo è quello di metterti in relazione con la tua parte spirituale, avvicinarti alla tua interiorità e, quindi, al divino. Ti spinge a sviluppare consapevolezza e cercare di elevare il tuo sé fino a collegarti con il Tutto. È il centro della spiritualità e della fede, a prescindere dal tuo credo religioso. Stiamo parlando di una spiritualità che trascende la religione, che è piuttosto uno stato dell'essere, che va oltre il mondo fisico e crea nella persona un senso d'interezza, di pace e di fiducia, permettendogli di cogliere lo scopo della propria esistenza.

È la capacità spiccata di pensare strategicamente, cioè abbracciare la situazione con il pensiero; in senso spirituale è la comunione con il Divino, in senso individuale è l'autorealizzazione.

Il settimo chakra è in relazione alla fonte dell'energia pura e universale e corrisponde alla comprensione dei misteri della nascita e della morte: in esso si trova il canale dell'Illuminazione, della Verità e della Realizzazione, una limpida corrente che pulisce in profondità e fa emergere saggezza, compassione e forza vitale.

Il chakra della corona è il centro della spiritualità: ci connette con l'energia universale divina e con il progetto della nostra anima.

Il Chakra della Corona rappresenta infatti il punto d'ingresso delle energie cosmiche, cioè quelle forze vitali che alimentano il sistema energetico umano e nutrono il corpo, la mente e lo spirito. Da qui l'energia entra dentro di noi, e da noi viene emanata.

Questo Chakra connette il tuo corpo e i suoi ritmi vitali alle frequenze dell'universo, allo stesso modo, ti permette l'unione con il tuo lato spirituale.

Questo Chakra è collegato a tutto "tutto ciò che è", dunque implica l'apertura a nuovi modelli di pensiero, e a fonti di saggezza e conoscenza nuove e mai esplorate prima. Se sei alla ricerca di Dio, o semplicemente di una connessione più profonda con le energie cosmiche, l'apertura del Chakra della Corona ti permetterà di trovare risposte e comprendere i concetti immateriali e spirituali: se chiedi, ti sarà dato; se cerchi, troverai; se poni delle domande, troverai le risposte.

Questo Chakra è associato con la ghiandola pineale, una ghiandola piccolissima situata esattamente al centro del cervello. Si dice che questa ghiandola sia la "sede dell'anima", ed è un organo ancora poco conosciuto agli occhi della scienza. Ciò che è certo è che l'epifisi ha il compito di sincronizzare l'organismo sui ritmi cosmici di giorno-notte, luce-buio e produce la serotonina, l'ormone del buon umore.

Quando il settimo chakra è in equilibrio ci si sente in armonia con la coscienza universale e l'energia creatrice spirituale. Avviene la realizzazione del Sé e ci si trova in una profonda pace interiore.

L'apertura di questo Chakra dona ispirazione, consapevolezza, sicurezza in sé stessi e buona salute. Le persone che hanno il settimo Chakra aperto sono solitamente dei leader carismatici, dei creativi, visionari, persone estremamente umane, altruiste e tolleranti.

Quando il settimo Chakra è bloccato invece, ecco che emergono attaccamento alle cose materiali, sensazione di mancanza, impotenza, atteggiamento vittimistico, apatia, stanchezza mentale, vuoto e insoddisfazione, disturbi del sonno ed emicrania.

Se questo settimo Chakra è chiuso, dunque, avrai estrema difficoltà a percepire la spiritualità dentro e attorno a te, avvertirai un forte senso di assenza di scopo e non riuscirai a credere a nient'altro se non a quello che percepisci coi sensi fisici. Le conseguenze sono forti crisi esistenziali e spirituali, sentimenti di solitudine, isolamento, disperazione e sconforto.

Percepire sé stessi come esseri inutili e privi di senso conduce ad atti di egoismo dovuti alla forte sensazione di isolamento e al fatto di sentir crescere dentro di sé la frustrazione e la rabbia, per essere stati abbandonati dal divino.

A volte, il Chakra della Corona bloccato induce le persone a riversare la propria rabbia verso gli atri, ma molto più spesso, la rabbia viene rivolta nei confronti di sé stessi, andando così a creare un circolo vizioso che può portare anche a gravi forme di depressione, stati confusionali, fino ad arrivare a vere e proprie patologia cerebrali come l'epilessia, il morbo di Alzheimer, la sclerosi multipla, la demenza, il morbo di Parkinson e l'ictus, e anche gravi disturbi mentali come la schizofrenia.

Aprire e riequilibrare questo Chakra significa riuscire ad accettare, percepire e gestire il flusso di energia che circola tutt'attorno e dentro di te, e ti assicuro che la tua esistenza cambierà profondamente e la vita diventerà anche per te un viaggio pieno di senso, ricco di gratificazioni e soddisfazioni.

Il percorso spirituale di ogni essere vivente è unico, non possono esistere due percorsi spirituali uguali, anche tra coloro che hanno la stessa fede religiosa. È dunque molto importante riuscire ad individuare il proprio personale percorso spirituale, seguirlo ed onorarlo, e non affidarsi a ciò che gli altri possono suggerire. Il compito di trovare il tuo percorso è solo tuo e non può essere delegato.

Certo, non è facile, ma esistono delle tecniche che possono aiutarti a trovare un contatto con il tuo io interiore e dunque aprire il Chakra della Corona.

Un altro modo molto efficace per riequilibrare il settimo Chakra è la pratica della gratitudine. Esprimi gratitudine per tutto ciò che c'è di buono e positivo nella tua vita e nel mondo, ma non solo. Per aprire il Chakra della Corona è necessario imparare a essere grati anche per le difficoltà e le piccole e grandi sofferenze che la vita ti obbliga ad affrontare, perché anche queste sono parte integrante del tuo percorso esistenziale. I problemi, le sofferenze e le difficoltà non sono altro che dei maestri che ti forniscono indicazioni per trovare la direzione da seguire. Ricorda che è molto raro decidere di intraprendere un percorso di crescita personale se non si è passati attraverso periodi estremamente difficili e tortuosi. Ti assicuro che se imparerai ad affrontare i problemi con gratitudine, il tuo modo di vedere le cose e affrontare la vita cambierà radicalmente…in meglio naturalmente!

Siccome questo Chakra rappresenta tutto ciò che non è fisico e materiale, non è possibile contribuire alla sua apertura attraverso degli alimenti o dei cibi specifici.

Tuttavia, stare all'aria aperta e al sole è di fondamentale importanza per l'apertura di questo Chakra, la meditazione all'aria aperta è senza dubbio il modo migliore per stimolare la ghiandola pineale e aiutare l'apertura del Chakra della Corona.

Quando il settimo Chakra inizia ad aprirsi sentirai dissolversi la divisione tra l'io interiore e la realtà esterna, e potrai smettere di preoccuparti per i problemi che ti assillano. Non sentirai più il peso del mondo interamente sulle tue spalle e percepirai chiaramente la presenza del divino sempre accanto a te, ad aiutarti e proteggerti. Ti sentirai parte di integrante di qualcosa più grande di te, sentirai un senso di comunione con l'universo, e troverai il tuo posto nel grande disegno universale.

Ti sentirai pervaso dalla pace interiore, dalla saggezza e dal senso di equilibrio e armonia.

Meditazione

Trova una posizione comoda, in cui la colonna vertebrale sia eretta. Chiudi gli occhi e fai tre profondi respiri, portando l'attenzione sull'aria che entra, fresca, dalle narici, ed esce riscaldata. Rilassati il più possibile. Dirigi l'attenzione al primo Chakra ovvero nella zona del perineo e immagina che quel punto si trovi al centro di una sfera di colore rosso, luminoso e brillante. Se hai l'impressione di avere difficoltà a visualizzare il colore, rilassati, accetta la difficoltà, nota se al posto del rosso emerge un altro colore, e con calma riprova. Senti il corpo che si rilassa all'interno della sfera rossa. Porta poi la tua attenzione all'altezza del secondo Chakra, tre dita sotto l'ombelico. Immaginalo avvolto da una sfera di luce arancione. Nota le eventuali difficoltà, eventuali altri colori che turbino l'uniformità della luce (quest'osservazione sarà ripetuta per ogni Chakra) e rilassa la parte. Senza sforzo, riporta ogni volta la tua attenzione all'idea di vedere la sfera di un bell'arancione.

Procedi con il terzo Chakra: il tuo plesso solare è avvolto da una sfera di luce gialla, brillante, trasparente e luminosa. Goditi il colore, rilassa il corpo e lasciati andare.

Quarto Chakra: il tuo cuore è al centro di una sfera di luce verde smeraldo. Sentila mentre ti avvolge, rilassa il petto e lasciati andare.

Quinto Chakra: visualizza una sfera di luce azzurro brillante intorno alla tua gola. Goditi il colore, rilassati e lasciati andare.

Sesto Chakra: una sfera di luce indaco avvolge il punto tra le sopracciglia, sede del Chakra. Goditi il colore, rilassati e lasciati andare.

Settimo Chakra: una sfera di luce viola è intorno al tuo Chakra della corona. Goditi il colore, rilassati e lasciati andare.

Concludi immaginando una doccia di luce bianca e brillante che purifica il tuo corpo, portando via tensioni, blocchi e problemi. Fai ancora qualche respiro riprendendo con calma il contatto con la realtà e riapri gli occhi.

Channeling con Ishvara:

È sufficiente fare Asana, Mudra e Pranayama per stimolare, armonizzare ed energizzare i 7 chakra?

Ishvara: Sì, ma è la meditazione vi porta in profondità.

I colori assegnati ai chakra sono corretti o sono cambiati?

Ishvara: Sono ancora attuali.

Meditando e visualizzando i 7 colori nei relativi chakra che effetto ha su di noi?

Ishvara: Porterà maggiore energia.

Le altre tecniche usate nell'Ishvara Healing Meditation come la musicoterapia, i mantra, la cristalloterapia e il reiki vanno ad energizzare ancora di più i chakra?

Ishvara: Assolutamente.

Che effetto ha il lavoro sui chakra sulla kundalini?

Ishvara: Purificando ed energizzando i chakra, la kundalini si attiva e i sensi si amplificano.

Kundalini Yoga[8]

La Kundalini, il serpente attorcigliato, è la forza divina che c'è in ogni essere umano. Questo potenziale divino è però in uno stato assopito alla base della spina dorsale. Il suo risveglio è un passo molto importante nel cammino spirituale. La via dello Yoga attiva la Kundalini. Tale straordinaria energia, quando è risvegliata, sale attorcigliandosi come un serpente attorno alla spina dorsale e percorre i sette Chakra principali attivandoli e alimentandoli fortemente di Prana (energia vitale). Secondo la tradizione dello Yoga l'energia vitale, detto appunto Prana, fluisce nel nostro corpo attraverso i diversi canali presenti a livello energetico. Questi canali sono chiamati Nadi. Tra gli oltre mille Nadi, ci sono tre principali: Pingala, Ida e Sushumma. Pingala, detto anche "nervo solare" (energia calda), è un canale energetico di circa due millimetri di diametro situato nella parte destra della

---

[8] Chakra Yoga, Maria Theresia Bitterli e Dawio Bordoli, 2014 BoD.

56

spina dorsale. Ida, detto pure "nervo lunare" (energia fredda), è anch'esso di circa due millimetri di diametro e si trova nella parte sinistra della spina dorsale. Sushumna è il canale energetico che entra in funzione quando l'energia Kundalini si attiva. Questo canale d'energia, di circa un millimetro e mezzo, inizia alla base delle vertebre dorsali e sale attorcigliandosi come un serpente attorno alla spina dorsale. Quando la Kundalini si attiva, l'energia pranica scorre abbondantemente attraverso il canale Sushumna e, da questo momento, Ida e Pingala diventano inattivi. Tutte le altre Nadi che escono dalla Suhumna vengono invece nutriti da questa forza spirituale che si distribuisce in tutto il corpo. Bisogna assolutamente evitare un risveglio prematuro della Kundalini perché ciò potrebbe causare grossi problemi fisici e psichici. Per Kundalini Yoga si intendono quelle pratiche volte a preparare il corpo, la mente ed il sistema nervoso all'aumento dell'energia nel corpo, più precisamente detto, al risveglio della Kundalini.

Meditazione[9]

Prima di affrontare la pratica meditativa vera e propria, sarebbe opportuno fare gli esercizi per aprire i chakra. Potrai iniziare solo quando sentirai che tutti i chakra sono aperti.

Mettiti comodo in un posto tranquillo. Non è importante assumere una posizione particolare, scegli quella che in cui ti senti più a tuo agio e che ti consenta di rilassarti.

Il rilassamento deve essere fisico e mentale. Come sempre, aiutandoti con il respiro, inizia dal viso e scendi fino ai piedi, molto lentamente. Inspira,

---

[9] https://eventiyoga.it/meditazione-kundalini/

trattieni il respiro per qualche secondo avvertendone le sensazioni, ed espira.

A tal punto, concentrati sui chakra: immagina l'energia come fosse una luce che, entrando dalla parte superiore della testa, scende verso il basso, passando attraverso tutti i chakra del corpo.

La forma a cui pensare è quella di una spirale che scende fino al primo chakra, laddove risiede l'energia Kundalini. Una spirale che, come un serpente, simbolo di Kundalini, si attorciglia lungo la spina dorsale.

Dopodiché concentra nuovamente la tua attenzione sul corpo, tornando al movimento gradualmente.

Channeling con Ishvara:

Quanti corpi sottili abbiamo?

Ishvara: Infiniti.

Quali sono visibili per noi?

Ishvara: Dipende dalla sensibilità di ognuno.

Alcuni molto sensibili parlano di 4, altri di 7 o 12 al massimo. Quanti corpi sono visibili ai più sensibili?
Ishvara: 21.

Quanti sono importanti nello Yoga?
Ishvara: Iniziate dal fisico e così via.

Che cosa accade al nostro corpo fisico quando si risveglia la Kundalini?
Ishvara: All'inizio potrete sentirvi stanchi ma poi si attiverà un'energia straordinaria.

Se la Kundalini si risveglia spontaneamente e noi non siamo preparati che cosa potrebbe succedere?
Ishvara: Vi potreste sentire fortemente disorientati.

Questo che conseguenze potrebbe avere?

Ishvara: Potrebbe condurvi anche alla morte fisica.

In che modo?

Ishvara: Ad esempio un ictus.

E tutto questo potrebbe accadere anche se si forza il risveglio della Kundalini?

Ishvara: Forzare è anche peggio.

Si potrebbe anche impazzire?

Ishvara: Certo.

A che cosa serve risvegliare la Kundalini?

Ishvara: A conoscere maggiormente il vostro potenziale.

Che cosa intendi per nostro potenziale?

Ishvara: La vostra capacità di autorealizzazione.

Che connessione c'è tra il risveglio della Kundalini e la sessualità?

Ishvara: Quest'ultima aumenta.

Per questo sarebbe opportuno canalizzare l'energia sessuale verso la creatività o spiritualità?

Ishvara: Sì, senza costrizioni.

Quando si è risvegliata la Kundalini si aprono i mondi invisibili?

Ishvara: Sì.

Con il risveglio della Kundalini andiamo verso la realizzazione del Sé?

Ishvara: Esatto.

Ed è questo lo scopo principale del risveglio della Kundalini?

Ishvara: Sì, l'illuminazione è lo scopo ultimo.

Qual è la tecnica che ci aiuta maggiormente a risvegliare la Kundalini senza fare danni?

Ishvara: Tutte vanno bene.

Quindi, basta non forzare e lavorare su i 7 chakra?

Ishvara: Sì, il lavoro è sempre sui chakra.

Si dice che i primi due chakra sono connessi all'energia sessuale, ma se si attiva la Kundalini non vengono forse stimolati tutti e 7?

Ishvara: Sì, ma iniziate dal primo e così via.

Perché l'energia sessuale si concentra sui primi due chakra?

Ishvara: Perché sono connessi agli organi riproduttivi.

Più riusciremo a canalizzare l'energia sessuale verso il divino e meno verranno poi stimolati gli organi riproduttivi?

Ishvara: Sì.

In che modo possiamo lavorare meglio con la nostra energia sessuale durante le lezioni di Yoga?

Ishvara: Praticando senza abiti.

Karma Yoga[10]

Nella scuola di pensiero induista del Vedānta, il Karma Yoga (dal sanscrito Karma - azione, e Yoga - unione) è uno dei quattro sentieri di base per raggiungere la salvezza (insieme a Jñāna Yoga, Raja Yoga e Bhakti Yoga).

"Karma Yoga" può essere tradotto come "Via dell'azione"; è un tipo di filosofia empirica e diretta, una spiritualità semplice ed immediata basata sulla ricerca della trascendenza nell'azione stessa, e non nella sua negazione (al contrario di quanto nella mentalità comune si sarebbe soliti pensare). Combinando e fondendo azione e meditazione, questo Yoga consiste nella progressiva purificazione e aderenza al Dharma tramite le proprie azioni, dalle più piccole e quotidiane a quelle più importanti e decisive.

---

[10] https://it.wikipedia.org/wiki/Karma_Yoga

65

Al Karma Yoga è dedicato il terzo capitolo della Bhagavad Gita, nella quale si espone questa filosofia dell'azione. Qui si afferma che tra azione ed inattività è preferibile l'azione, a patto che essa sia compiuta con distacco, perseguendo il proprio dovere universale (Dharma) e non provando desiderio o avversione verso i frutti delle proprie azioni, ma agendo soltanto in accettazione del proprio ruolo (svadharma) e al servizio dell'universo e delle Divinità.

In questo modo, l'azione non produce Karma poiché in effetti non si agisce affatto, ma si considera Dio l'unico autore delle proprie azioni; il corpo, i sensi, la mente, l'intelletto e la stessa anima individuale (jīva) divengono così strumenti della Volontà Divina; questo abbandono, questa rinuncia a ritenere sé stessi autori dell'azione, porta il devoto ad una progressiva identificazione del proprio Sé limitato con il Sé illimitato, fino al conseguimento di Moksha di (liberazione dal ciclo di nascite e morti, o Saṃsāra).

Channeling con Ishvara:

Basterebbe donare ogni azione al divino per non creare più karma negativo?

Ishvara: Sì.

Come facciamo a capire se agiamo in sintonia con il divino e non per un fine egoistico?

Ishvara: Lo scopo dovrà essere solo altruista.

Nel senso che non dovremmo fare le cose per opportunismo ma per aiutare il prossimo e l'umanità?

Ishvara: Sì, per il bene del prossimo.

Dov'è iniziato il karma?

Ishvara: Dall'inizio della manifestazione.

Qual è stata la prima manifestazione sulla Terra?

Ishvara: La luce.

Come fa la luce a creare del karma?

Ishvara: Incontrando la forma.

Che cosa è accaduto quando si sono incontrati?

Ishvara: Sono nate le ombre.

E le ombre sono diventate karma?

Ishvara: Sì.

Ogni forma ha in sé karma?

Ishvara: Sì, e si manifesta nello spazio-tempo.

L'essere vivente porta in sé questo karma primordiale?

Ishvara: Sì, tutto è karma.

Significa che il karma di oggi è il risultato di tutto il karma dall'inizio della sua nascita?

Ishvara: Voi siete il risultato dell'umanità intera.

Che appunto è partito da Adamo ed Eva e l'albero della conoscenza del bene e del male, cioè l'albero della vita?

Ishvara: È una buona metafora.

Qual è l'archetipo del karma collettivo universale?

Ishvara: L'Amore.

In questa vita ci portiamo dietro un riassunto del residuo karmico di tutte le vite passate?

Ishvara: Sì.

Abbiamo il potenziale per sciogliere il karma di tutte le vite passate?

Ishvara: Sì, ed è sempre a disposizione.

Lo potremmo risolvere in una vita?

Ishvara: Sì, come in un secondo.

Come quando ci abbandoniamo completamente all'Assoluto, alla volontà divina?

Ishvara: Sì.

Una volta sciolto il karma personale, rimangono ancora il karma familiare e quello collettivo su cui lavorare?

Ishvara: Sì.

Il karma è connesso solo con la Terra, con questa dimensione o c'è in tutto il multiverso?

Ishvara: Tutto è karmico.

Bisogna aiutare a sciogliere il karma di tutto il multiverso?

Ishvara: Sì.

Qual è lo scopo ultimo di quest'azione?

Ishvara: L'amore e la compassione.

Per cosa?

Ishvara: Per riassorbirvi nella sorgente.

È corretto affermare che i sogni sono un'anticamera karmica, dove il karma stesso si manifesta nei sogni, i quali vengono elaborati, andando così a condizionare le nostre scelte future?

Ishvara: Sì, per questo è importante liberarsi dai condizionamenti del passato.

In che modo?

Ishvara: Meditando.

Yoga del Sogno[11]

Ci sono tre stati di coscienza principali nell'esistenza umana, cioè, lo stato di veglia, lo stato di sogno e lo stato di sonno senza sogni. Il sogno rappresenta il linguaggio segreto della mente. I sogni, ci ha insegnato Freud, sono l'espressione dei nostri impulsi inconsci che, nel sonno, riescono a eludere la censura della coscienza di veglia. Passiamo circa un terzo della nostra vita a dormire. Sognare e dormire sono importanti per tutti gli esseri. Per noi il sonno è come il cibo. Esso sostiene sia il corpo sia la mente. Calma e placa il corpo e rende la mente più fresca e forte. È quindi molto importante utilizzare al meglio il tempo che passiamo a dormire per rigenerare profondamente noi stessi e di riflesso anche gli altri. I sogni sono condizionati dalle nostre esperienze passate, dai pensieri che abbiamo prima di addormentarci, dalla

---

[11]http://www.vajrayana.it/TWO%20KHENPOS%20%20Iniziando%20a%20praticare%20lo%20Yoga%20del%20Sogno.pdf

postura corporea, dagli abiti che indossiamo, da ciò che abbiamo ingerito, dai rumori, dai campi cosmo-tellurici, dall'elettrosmog, dalla persona che dorme accanto a noi e dal cuscino su cui facciamo riposare la nostra testa.

Le fasi del sonno[12]

Tutto quello che oggi si conosce sul sonno è stato scoperto grazie a particolari esami basati sul monitoraggio delle onde cerebrali, sull'elettroencefalogramma che registra l'attività elettrica del cervello, attraverso l'elettrooculografia che registra i movimenti oculari e con l'elettromiografia che rileva i movimenti muscolari. Gli studiosi hanno evidenziato che il sonno non è uguale per tutta la sua durata ma è caratterizzato dalla presenza di 2 fasi principali:

La fase Non REM è il sonno lento sincronizzato e si

---

12 http://www.dimensionesonno.it/dormirebene_qualitaequantitadelsonno.html

chiama sonno ortodosso.

La fase REM è il sonno rapido desincronizzato e si chiama sonno paradosso.

Fase non REM:

Stadio 1 è la "fase di addormentamento" stato crepuscolare, fra veglia e sonno leggero,

Stadio 2 è il "sonno leggero" la coscienza è sopita, i muscoli si rilassano,

Stadio 3 è il "sonno profondo" in questa fase il sonno comincia a diventare più profondo,

Stadio 4 è il "sonno profondo effettivo" è quello del sonno più profondo, quando il nostro organismo si rigenera. Le onde corrispondenti all'attività cerebrale di questo momento sono piuttosto lente.

Fase REM:

Il termine REM deriva dal fatto che durante tale fase gli occhi si muovono con movimenti ritmici rapidi (dall'inglese rapid eye movements = movimenti oculari veloci). In questa fase, che si verifica normalmente 4 o 5 volte per notte, si fanno sogni molto intensi. Il termine sonno paradosso deriva dal fatto che l'elevata attività celebrale e i rapidi movimenti oculari che caratterizzano questa fase sono in contrasto con il grado di generale rilassamento muscolare. Durante la notte si verificano diversi cicli del sonno della durata di 90-100 minuti caratterizzati dal passaggio attraverso vari stadi del sonno e la fase REM.

Le fasi di sonno REM, della durata di circa 15 minuti, sono caratterizzate da sogni intensi e da movimenti oculari ritmici e rapidi. Nel corso della notte diminuiscono progressivamente le fasi di sonno profondo e aumentano di durata e di intensità le fasi REM. Un giovane adulto arriva al sonno REM più o meno 90 minuti dopo l'addormentamento; questa fase, che si ripete all'incirca ogni 2 ore, dura sempre un po' di più fino ad arrivare al momento più lungo che precede il risveglio.

I vari studi fatti sul sonno concordano nell'affermare che sia il sonno REM che quello non-REM sono necessari per essere in buona salute, ma ancora non si conosce bene il ruolo specifico di ognuno. Sappiamo che durante il sonno non-REM si ha una produzione elevata dell'ormone della crescita che è vitale per la salute fisica, mentre nel sonno REM aumenta il flusso sanguigno verso il cervello e questo è utile per la salute mentale. Se una persona è disturbata in fase REM o nel momento di sonno profondo, facilmente presenta sintomi di stress e di nervosismo. Nel sonno si rincorrono 5 fasi (4 dette non-REM ed 1 REM), fino a 4-5 volte per notte. Noi sogniamo nella fase REM, in particolare quando ci addormentiamo e nella seconda parte della notte. Nella prima parte i sogni sono più brevi e richiamano il recente passato, nella seconda parte sono più lunghi e si rifanno a esperienze più remote.

Tuttavia, tutti i sogni rappresentano esattamente la percezione interiore della mente. Le nostre abitudini mentali continuano a riflettersi nello specchio della mente. Quando le giuste cause e condizioni si riuniscono, queste generano specifici tipi di sogni. Alcuni sogni riflettono abitudini di vite precedenti. Alcuni sogni non si basano sui ricordi, ma riguardano il futuro. Possono riguardare il futuro di questa vita o della vita successiva e, perfino oltre il futuro di questa. La maggior parte riguardano abitudini e attività di questa vita. I sogni possono essere trasformati dai Guru (Maestri Spirituali), dai Buddha e dalle Divinità della Meditazione. Alcune pratiche causano sogni speciali. Questi sogni sono il risultato della recitazione di Mantra, visualizzazioni e meditazioni. Mentre dormiamo, è possibile utilizzare le attività del nostro corpo, della parola e della mente per l'illuminazione di tutti gli esseri senzienti. Questo è lo scopo dello Yoga del Sogno. Con questa pratica possiamo, infine, trasformare i nostri sogni in Chiara Luce. Coloro che imparano a trasformare i loro sogni in Chiara Luce divengono dei grandi Yogi e Yogini.

Quando pratichiamo lo Yoga del Sogno è importante non aggrapparsi ai propri sogni né alla loro analisi. In questa pratica insegniamo a pensare a tutti gli aspetti della nostra vita come a un sogno. Se vogliamo realizzare lo Yoga del Sogno è molto importante allenarci a vedere la vita di ogni giorno come un sogno. Questa conoscenza ci aiuterà a essere sempre più liberi. È necessario essere consapevoli che tutte le nostre esperienze sono illusioni, in altre parole, proiezioni nella nostra coscienza, tutto è coscienza. L'essere consapevoli della transitorietà di tutto ciò che accade nella vita, ci porta a non aggrapparci a niente, e ciò favorirà il fiorire della libertà dentro di noi.

Meditazione

La prima parte della preparazione prima di dormire riguarda il proprio corpo e l'ambiente. Si dovrebbe dormire in un letto confortevole con gradevoli coperte in una stanza pulita. Tutto ciò che disturba interferirà con la nostra pratica. Cerca di pensare a cose affabili, rimani equilibrato e crea un'atmosfera piacevole. In generale, si dovrebbero coltivare le cose che sono buone per la nostra pratica ed evitare ciò che non è buono. Per la purificazione del corpo e della mente, prima di andare a dormire, consigliamo di rimanere per un certo periodo seduti sul letto con la schiena eretta e meditare utilizzando il mantra Om Namo Ishvaraya Namaha. La posizione seduta con la schiena eretta c'impedirà di addormentarci. Chi è sicuro di riuscire a rimanere sveglio potrà anche sdraiarsi, l'importante è non addormentarsi subito. Mentre si sta meditando, cerca di mantenere la mente vuota e silenziosa, in altre parole, senza pensieri o concentrarsi sulla conoscenza che tutti i fenomeni sono come sogni. Ogni pensiero che arriva, semplicemente osserviamolo, testimoniamolo senza fare assolutamente niente al riguardo, come osservassimo delle nuvole nel cielo. Noteremo, allora, che i pensieri vengono e vanno, ma noi non ci lasceremo coinvolgere, semplicemente li osserveremo e basta. Questo farà sì che il silenzio tra un pensiero e l'altro aumenti sempre più, apportando calma e serenità al nostro corpo e alla nostra mente. Dobbiamo essere molto attenti a non pensare al futuro o al passato, ma rimanere nel qui e ora, senza lasciarci prendere da qualsiasi pensiero, quando ci scopriamo in esso, lasciamolo andare. Se si riesce a rimanere così per trenta minuti ciò aiuterà a svolgere con successo l'esercizio che segue.

La parte successiva della preparazione è la purificazione della parola. Si comincia a fare la pratica della purificazione del respiro per tre o nove volte. Mantieni la postura del corpo come sopra e respira normalmente. Unisci la mente con il respiro per circa dieci quindici minuti. Durante questo periodo, inspira ed espira silenziosamente. Dopo aver inalato, trattieni l'aria nei polmoni per un breve tempo. Durante questo periodo visualizza il "Creatore, Dio, Maestro Supremo, ecc...". Cerca di sentire la presenza di questi Esseri Realizzati e mantieni questa sensazione quanto più che puoi. Quindi ripeti queste cinque preghiere di aspirazione:

"Possa io riconoscere i miei sogni e considerarli con piena consapevolezza. Possa non avere mai sogni spaventosi.

Possa diventare molto familiare con lo Yoga del Sogno e realizzarlo pienamente. Possa essere capace di trasformare i miei sogni in Chiara Luce. Possa tutta la confusione essere chiarificata e trasformata. Possa io realizzare la saggezza oceanica della vera natura della mente."

Quando si pratica lo Yoga del Sogno, se ciò è possibili,

è meglio essere da soli. È cosa buona dire queste frasi a voce alta, con delicatezza, fede e coraggio. Se non siamo soli, si possono ripetere mentalmente. Ogni notte, mentre si recitano queste aspirazioni, porta l'attenzione al tuo cuore. Riconosci che il corpo è un sogno, le conversazioni sono sogni e i pensieri sono sogni. Tutto ciò che si può pensare è un sogno.

La fase più importante nella purificazione della mente è realizzare che tutte le esperienze diurne sono effettivamente come sogni. La fase finale nella purificazione della mente è di dedicare tutti i vostri sforzi nello Yoga del Sogno per il benessere di tutti gli esseri senzienti. Il risultato principale è di essere capaci di rimuovere ogni forma di attaccamento.

Nella parte principale della pratica ci si allena nel mantenere piena consapevolezza mentre sogniamo, rimuovendo gli ostacoli alla pratica del sogno e diventando più familiari con la natura delle illusioni. Il primo passo è mantenere la consapevolezza durante lo stato di sogno. Mantenere la consapevolezza durante il sogno è il fondamento della pratica. Questa richiede concentrazione. Con una forte concentrazione, possiamo imparare a mantenere la consapevolezza che noi stiamo dormendo e sognando. Saremo anche capaci di ricordare i nostri sogni. Quando riconosciamo il sogno come un sogno, ciò è molto speciale. Quando s'incomincia a praticare lo Yoga del Sogno è verosimile che ci si possa svegliare quando si realizza di stare dormendo. Con una maggior pratica si può imparare a mantenere la consapevolezza del sogno e non svegliarsi. È possibile avere una piena consapevolezza di tutto ciò che accade nel sogno. Alcuni praticanti possono eseguire lo Yoga del Sogno mentre sono svegli e con gli occhi aperti. Quando ti svegli, mantieni la consapevolezza e realizza che lo stato del sogno, del dormire e del risveglio sono tutte esperienze della stessa mente. Non appena i pensieri entrano nella mente cerca di mantenere la consapevolezza e osserva come si sta evolvendo la propria pratica. Come in tutte le pratiche meditative vi è necessità di sforzo gioioso, coraggio e impegno. Imparare a mantenere la consapevolezza dei propri sogni è buono, ma questo non è l'obiettivo ultimo. Una volta che si riesce a mantenere la consapevolezza del sogno, non certo per una o due volte ma in modo consistente, allora si può passare alla fase successiva che è quella della purificazione del sogno.

Poiché i sogni sono solo un riflesso illusorio delle nostre abitudini mentali, essi si possono trasformare in quello che noi vogliamo. Non appena si sviluppa l'abilità a mutare il contenuto dei sogni, la dualità cesserà spontaneamente. Qualsiasi cosa della propria esperienza è una manifestazione della saggezza primordiale. Questa realizzazione purificherà tutte le nostre oscurazioni ed evocherà la nostra saggezza interiore e la sua benedizione. Lo stato di sogno potrà così diventare la nostra pratica meditativa. È necessario mantenere questo stato meditativo senza interruzione, anche dopo il risveglio. Dopo il risveglio e l'offerta dei meriti a tutti gli esseri (gesto altruistico), mantenere la mente nello stato naturale della consapevolezza primordiale (stato di osservazione silenziosa, lasciando andare tutto ciò che arriva nella nostra mente). Questo è lo stato della grande equanimità, la condizione più profonda della vera natura della mente. Tutto ciò che vediamo, udiamo, gustiamo, odoriamo, pensiamo o sentiamo non è realmente differente dall'esperienza dello stato di sogno. Nello stato di veglia sogniamo di essere svegli. La nostra vera ed eterna natura precede sia lo stato di veglia, sia lo stato di sogno che lo stato di sonno senza sogni, essa precede la nascita stessa e seguirà la morte ma, proprio perché è eterna, è sempre presente. Impareremo, con la pratica dello Yoga del Sogno (che sostanzialmente è meditazione), a liberarci dalla schiavitù dei pensieri, a essere sempre più coscienti dello stato di sonno senza sogni e a fonderci sempre più nell'Assoluto, in quello stato che è al di là del tempo e dello spazio e che è uno stato di pura ed eterna consapevolezza.

Channeling con Ishvara:
Che tecnica ci consigli per riuscire a ricordarci i sogni?
Ishvara: Scriverli appena svegli.

È consigliabile tenere un diario dei sogni e poi interpretarli?
Ishvara: In alcuni periodi.

È opportuno ricordarsi i sogni?
Ishvara: Quelli più significativi.

A cosa serve?
Ishvara: Ad elaborarli e superare traumi passati.

Come facciamo a riconoscere i sogni significativi?

Ishvara: Quelli che più vi hanno toccato.

Come mai non riusciamo sempre a ricordarci i sogni?

Ishvara: Non sempre è necessario.

Come mai certe persone parlano nel sonno?

Ishvara: L'inconscio muove il corpo.

È un modo di elaborare ciò che c'è nell'inconscio?

Ishvara: Vi addormentate, ma l'inconscio continua ad elaborare il karma.

Che ruolo ha la sessualità nei sogni?

Ishvara: È molto importante e si manifesta attraverso i sogni erotici.

Questo accade quando la opprimiamo?

Ishvara: Vivete in sogno ciò che non potete vivere da svegli.

Sarebbe più opportuno farne l'esperienza diretta, ovvero da svegli?

Ishvara: Non in tutti i casi.

Come mai?

Ishvara: A volte si risolve nel sogno stesso.

Con risolvere intendi elaborare qualche esperienza erotica karmica?

Ishvara: Sì, e ci sono infiniti modi.

Ci sono anche sogni erotici connessi a memorie di vite passate?

Ishvara: Tutti lo sono.

Che cosa succede se non viviamo le nostro fantasie erotiche?

Ishvara: Si ripresenteranno con sempre più

insistenza.

Come potrebbe essere, ad esempio, nel caso di sogni che riguardano stupri o abusi?

Ishvara: Sì.

La società non accetta certe fantasie considerate troppo violenti e ci obbliga a nasconderle o ad attribuirne ad altri la causa, ma elaborandole nei sogni riusciamo a riviverle senza troppe conseguenze nocive?

Ishvara: Sì, è il compito principale del sognare.

Ciò che viviamo nei sogni è reale quando dormiamo, tanto è reale ciò che viviamo da svegli, ciò significa che, quando ho un'esperienza erotica in un sogno, sto facendo un'esperienza diretta e reale tanto quanto se la facessi da sveglio, oppure in un altro piano di coscienza, mondo sottile o altro?

Ishvara: Sì, tutto accade nel qui e ora.

È possibile che qualsiasi persona possa fare del vampirismo sessuale attraverso i sogni se la vittima non è protetta?

Ishvara: Questo diventa realtà dal momento in cui si fa l'esperienza anche attraverso i sogni.

Nei casi di vampirismo, la vittima, al risveglio, si potrebbe sentire completamente svuotata e stanca invece il carnefice carico di energia?

Ishvara: Sì.

Nondimeno, la mente può riconoscere solo ciò che ha già conosciuto e per questo ripete gli stessi schemi sia che noi siamo svegli che durante il sonno, dunque, come possiamo liberarci una volta per tutte dai vampiri onirici?

Ishvara: Elaborandone i sogni, mettendoli in scena.

Nel caso dei bambini indifesi, come fanno a proteggersi?

Ishvara: La messa in scena è fittizia e consensuale.

Ci consigli di fare delle costellazioni relazionali su uno o più sogni erotici?

Ishvara: Sì.

Come facciamo a capire se una bambina viene abusata sessualmente nei suoi sogni?

Ishvara: Se non c'è violenza, non è abuso.

Ci sono diversi tipi di sogni. Che cosa hanno tutti in comune?

Ishvara: Tutti i sogni che nascono nella mente.

Tutto ciò che nasce nella mente è illusione e non reale?

Ishvara: Sì, la mente interpreta, definisce, dunque limita.

E come possiamo arrivare a non più dover elaborare i sogni, a non più sognare, sempre che ciò sia possibile?

Ishvara: Coltivando la pace interiore, nascerà la mente silenziosa.

È possibile correggere un sogno che riteniamo non sano per la nostra salute?

Ishvara: Sì.

Con quale metodo?

Ishvara: Trascriverlo e meditarci sopra.

Come mai qualche volta capita di fare lo stesso sogno di un'altra persona?

Ishvara: Non capita mai lo stesso sogno.

Perché alcune persone non si ricordano quasi mai dei loro sogni?

Ishvara: Per diversi motivi.

Potrebbe essere, ad esempio, perché la persona ha raggiunto una mente abbastanza silenziosa oppure riesce ad elaborare i suoi traumi meditando a lungo durante la giornata?

Ishvara: Sì, la mente non porta con sé residui notturni.

Nel caso dei sogni premonitori, questi hanno a che fare con la tecnica dello Yoga del sogno?

Ishvara: Questa tecnica li potrebbe favorire.

È una tecnica per facilitare il superamento dei blocchi karmici?

Ishvara: Sì, è molto utile.

I sogni sono una forma di viaggio astrale non sempre cosciente?

Ishvara: Sì.

Quando sogniamo ad occhi aperti o fantastichiamo si potrebbe parlare di viaggi astrali?

Ishvara: Sì.

Yoga Astrale[13]

Il termine Yoga Astrale è nuovo, ma l'essenza di questo Yoga è molto antica. Tutti i grandi Yogi, Yogin e mistici hanno fatto viaggi astrali. Sono andati, con il loro corpo sottile e in modo cosciente, a fare dei viaggi dove hanno avuto delle esperienze estatiche. Il requisito più importante è la volontà di voler fare un'esperienza del genere. Altre qualità sono: essere aperti, non avere paura ed essere disposti a lavorare su sé stessi. Quest'ultimo punto è il più difficile ostacolo per qualsiasi sviluppo spirituale. L'inerzia, che probabilmente in un certo modo risiede in ogni essere umano, e le vecchie abitudini, sono la parte più difficile da superare. Spesso diventiamo spietati quando si tratta di fare carriera o di difendere la nostra reputazione, e questo a scapito di valori quali l'amore, la condivisione, l'altruismo, l'etica, la morale e, in ultima analisi, la cosa più importante per un essere umano,

---

[13] http://paoloproiettiadvaitavedanta.blogspot.ch/2013/11/viaggi-astrali.html

cioè, il cammino spirituale. La ricerca spirituale dovrebbe essere prioritaria. Come abbiamo visto, ci sono tante strade quanti sono gli uomini, ognuno ha la sua. Una di queste è lo Yoga Astrale. In esso, le cosiddette "uscite dal corpo" avvengono al livello dei sogni o Taijasa. Taijasa (termine sanscrito) è il nome dell'Atma (la nostra Essenza) quando si trova nello stato di sogno, cioè la seconda condizione degli stati dell'essere. Taijasa, che significa il "Luminoso", è collegato alla forma sottile. Pare, infatti, che nello stato di sogno l'"anima vivente" individuale divenga per sé la propria luce capace di produrre un mondo ideale molto spesso del tutto illusorio provvisto di una sembianza di realtà, di una semplice apparenza. Lo stato di sonno con i sogni è quindi detto Taijasa. Diciamo che Taijasa è lo stato che nell'esoterismo occidentale è definito "corpo psichico" o, a volte, "corpo astrale". Alcuni assimilano il "corpo astrale" al "corpo causale" ma nello Yoga, per corpo causale, s'intende lo stato detto Prajna, cioè, l'unione delle energie complementari in cui la coscienza individuale, la capacità di percepire, è assopita e immersa in uno stato di beatitudine privo di discriminazione. Quando, per qualche evento traumatico, per l'uso di droghe psicotrope, per talento naturale o in seguito ad appropriata istruzione, si vive l'esperienza di uscita dal corpo fisico, occorre fare attenzione ai segni che possono indicarci se l'esperienza è "reale" (tra virgolette poiché, da un certo punto di vista, non è mai reale) o se è frutto esclusivo della nostra fantasia. Ci sono sogni che hanno una luminosità "bassa". Ce ne sono altri in cui spesso si è coscienti di sognare o si sogna di dormire e di sognare, i quali hanno una luminosità più forte, paragonabile alle esperienze di veglia. Si tratta dei due livelli di sogno di cui si è parlato. L'uscita dal corpo vera e propria è una cosa diversa, ed è facilmente riconoscibile perché accompagnata da segnali precisi. Per esempio, quando inizia il "viaggio" si può sentire un rumore secco come di una corda che viene tesa improvvisamente, e quando invece "si torna alla base" un rumore diffuso come quello di un motore di frigorifero. Un altro segnale è il rapporto con il tempo ordinario: se si sta dormendo ed è notte l'uscita dal corpo avviene, all'inizio, in un'atmosfera notturna. Se si sta dormendo o "praticando" di giorno l'atmosfera è invece diurna. Se si è per così dire in Taijasa inferiore si percepisce una specie di bava, come una ragnatela umidiccia che circonda il corpo, la luminosità sarà inferiore e la vista, seppur chiara, sarà, in confronto alla veglia o a Taijasa superiore, leggermente offuscata. In Taijasa superiore, al contrario, tutto apparirà più chiaro e luminoso. Muovendosi "volontariamente" nello stato di sogno si procede, inizialmente, a grandi balzi o piccoli voli, oppure con una corsa e passo molto leggeri. Si potranno incontrare incubi, "elementali", mostri e creature inquietanti. E/o vivremo in uno stato di continua inquietudine accompagnato da meraviglia. Per controllare le immagini del sogno esistono tecniche abbastanza precise descritte sia dai tibetani sia dagli sciamani siberiani, australiani e sudamericani. Queste tecniche sono molto simili, a volte addirittura quasi identiche. Taijasa superiore, in cui "si volerà come un'aquila" e dove la luce sarà quella di un mattino di luglio, è lo stato che conduce alla "percezione del puro intelletto".

Il Viaggio Astrale[14] consiste nell'allontanamento del corpo sottile da quello fisico durante la fase del sonno notturno oppure provocato volontariamente durante qualsiasi momento prescelto dall'operatore. Gli Occultisti avanzati sul sentiero della conoscenza effettuano questo viaggio in modo cosciente, recandosi a visitare terre lontane, a scoprire oggetti o avvenimenti di particolare interesse o a rivedere persone che vivono

---

[14] http://vandermast.altervista.org/Viaggi_Astrali.htm

in altri luoghi. Al momento del distacco o del rientro nel corpo fisico può accadere alle persone comuni o comunque inesperte di sentire sussulti e ansie che fanno parte di energie molto più forti e più potenti che agiscono nel mondo astrale. Fino a quando non si è abituati alle uscite e ai rientri astrali è normale provare queste sgradevoli sensazioni. Ci sono esercizi che appartengono alla disciplina dello Yoga che aiutano ad accelerare l'apprendimento delle facoltà di uscire e rientrare nel corpo senza problemi. Non è consigliabile sperimentarli senza la guida di un Maestro che sia iniziato a queste pratiche oppure se non si è bravi nel praticare meditazione, visualizzazione e respirazione. È possibile compiere il viaggio astrale (o anche detto sdoppiamento dal corpo fisico e quindi viaggiare consapevolmente in astrale) recandosi in luoghi lontani con rapidità assoluta, in pochi istanti si può compiere il giro del mondo. Soprattutto si può superare la paura della morte perché basta soltanto cambiare la frequenza percettiva per uscire e rientrare dal corpo. Se lo sdoppiamento appare spontaneamente, allora la persona che lo prova ha innate le facoltà per gestirlo, per controllarlo e per non incorrere in pericoli particolari. I pochi fortunati che possiedono questa capacità dovrebbero vivere serenamente questo evento straordinario e parlarne solo con coloro che sono afferrati su questo argomento. Per chi vuole imparare questa pratica senza la guida di un Maestro, deve sapere che l'uscita dal corpo fisico può essere molto pericolosa perché potrebbe arrecare guai seri e irreversibili al sistema nervoso. Consigliamo, quindi, d'informarsi bene e poi di essere seguiti da un Maestro competente durante la pratica.

La Tecnica

Una delle tecniche più semplici ed efficaci è quella di immaginare un'onda azzurra che ci pervade tutto il corpo. Bisogna scegliere il luogo adatto, in genere la propria stanza da letto, poi accertarsi di non essere disturbati durante l'esercizio; un minimo rumore o preoccupazione, specie le prime volte, può mandare a monte tutto il lavoro svolto sino a quel momento. Una volta scelto il luogo e prese le precauzioni accurate bisogna attenuare la luce dell'ambiente, possibilmente oscurare del tutto la stanza. Per chi è infastidito dal buio, non c'è problema, i risultati ci saranno comunque, anche se bisognerà avere un po' di pazienza in più rispetto alla pratica nel buio completo. Sdraiati quindi sul letto se il luogo prescelto fosse la propria camera, o su un tappeto o altro di simile nel caso di altre stanze, la posizione deve essere supina, cioè completamente distesi a pancia in su con le braccia e le gambe leggermente divaricate; accertarti di essere ben comodo e di avere la colonna vertebrale completamente diritta, evita cuscini troppo alti. A questo punto inizia la tecnica vera e propria: chiudi gli occhi e cerca di svuotare la mente dai pensieri, se non ci riesci perché qualche pensiero prepotentemente ti distrai, non preoccuparti, lascia scorrere, e passa oltre, lui svanirà nel nulla, sfumandosi nel vuoto che stai creando. Comincia a respirare senza fretta, inspira, trattieni ed espirate, dapprima normalmente, poi sempre più ampiamente e facendo una breve pausa tra una fase e l'altra sino ad arrivare al livello di tuo agio. Visualizza il tuo corpo sdraiato e immaginatelo il più completo possibile. Ora sofferma lo sguardo sul tuo piede destro, entra nei particolari, sulle dita e poi sul pollice e sull'unghia... da qui inizia a visualizzare una macchia (un punto, una linea, un alone) di colore azzurro che comincia a espandersi sia al di fuori del dito che al di dentro, trapassando i peli, la pelle, le ossa e i tessuti sanguigni; seguila visivamente mentre pervade il dito pollice passando poi alle altre dita, una ad una, poi al piede e su per la caviglia, il tutto molto lentamente e continuando a respirare profondamente.... il colore azzurro continua a salire e a penetrarti, passando alla coscia e arrivando all'inguine. Ora fai lo stesso procedimento per la gamba sinistra mantenendo sempre viva l'immagine della gamba destra ormai tutta blu, sino a congiungere le due parti nel bacino inferiore... nota come a mano a mano che l'onda blu tocca le parti del corpo che visualizzi, esse si rilassano dolcemente. Procedi con la visualizzazione del blu che sale dal bacino verso il torace, inglobando stomaco, ombelico, costole, reni, vene, pelle e così via, salendo su sino al collo. Passa poi al braccio destro. Seguendo la stessa procedura come per le gambe, inizia dal dito per poi espandere il colore azzurro alla mano, al polso, all'avambraccio, al braccio, alla spalla, per congiungersi al collo e questo anche per il braccio sinistro. Ogni parte man mano si rilassa, tieni sempre a mente che il tuo corpo adesso è blu nelle parti coperte dall'onda... dal collo passa al mento, alla bocca, alle gengive, ai denti, alla nuca, al cervello, ai capelli, su sino a raggiungere la parte più alta della testa... adesso ammira il corpo che è diventato blu, lascia fluire liberamente il respiro, esso si attenuerà da solo, rimani vuoto contemplando il tuo senso di rilassamento; quando ti sentirai pronti, inizia a immaginare che tutte quante le parti del corpo si distaccano lievemente da quelle reali, cioè immagina un doppione del tuo corpo che prende forma dal distaccamento da quello fisico, il doppione è parallelo sopra al tuo corpo fisico, lasciateti andare senza paura, non pensare ad altro... tutto è immobile, in una stasi perpetua... quell'alone, il doppione, appena distinto dal corpo fisico sei tu, leggero e soffice che lentamente ti solleva verso il soffitto, impercettibilmente ti sieti sveglio e galleggi sopra il tuo corpo... adesso prova a guardarti attorno, la luce ti pervade, la trasparenza del tuo corpo azzurro è sorprendente, guarda le mani, prova a muoverti, basta pensare di muoversi e ciò avviene... se è la prima volta che ti siete sdoppiati, non restate fuori a lungo, il tuo corpo fisico non è ancora abituato ad averti fuori coscientemente e potrebbe stancarsi troppo, quindi rientra, basta pensarlo, o addirittura non ne avrai neanche il tempo, ti ritroverai a contatto con il corpo fisico senza neanche accorgertene... le prime volte è molto difficile rimanere fuori, l'attrazione del corpo fisico è molto forte. Per destarti dalla fase di torpore, riprendi il contatto con il respiro, dolcemente, poi aumenta il ritmo lentamente, immagina nel frattempo un vento rosso, caldo che dalla tua testa soffia verso i piedi, sfumando l'azzurro che man mano scompare, appena ti senti pronto, comincia a muovere le dita dei piedi, poi delle mani, poi i piedi, le mani e così via, sino a prendere piena coscienza del tuo corpo, infine stiracchiati come fai alla mattina così da riattivare nel modo migliore le funzioni del corpo.

Channeling con Ishvara:

Come facciamo a distinguere lo Yoga del Sogno dallo Yoga Astrale? Quando stiamo sognando e quando stiamo facendo un viaggio astrale?

Ishvara: Ciò che sperimentate nel qui e ora fà la differenza.

Come facciamo a capire se abbiamo sperimentato un sogno oppure un viaggio astrale?

Ishvara: Nel sogno lo stato di veglia è a riposo, invece nel viaggio astrale siete coscienti.

Dal momento che sogniamo e ne siamo coscienti, stiamo facendo un viaggio astrale?

Ishvara: Sì.

Che differenza c'è tra un viaggio astrale e il pensare fantasticando?

Ishvara: Il viaggio astrale è vivido e intenso quanto la realtà di veglia.

Ma potrebbe anche capitare, mentre iniziamo

fantasticando ad occhi aperti, di partire poi per un viaggio astrale?

Ishvara: Sì, il confine è inesistente.

Da dove parte il viaggio astrale? Da questa dimensione della Terra oppure stiamo già facendo un viaggio astrale che è partito da un altro mondo?

Ishvara: È la storia infinita della creazione e della dissoluzione.

Come possiamo entrare e uscire dal piano astrale senza correre troppi rischi e avere magari difficoltà o addirittura di non riuscire a rientrare nel nostro piano di coscienza?

Ishvara: Ripetete il mantra mentalmente di continuo fino a quando sarete di nuovo sereni.

Quanto è rischioso un viaggio astrale se non siamo preparati?

Ishvara: Se non siete preparati, tutto può essere rischioso.

Potremmo rischiare anche la vita o la pazzia?
Ishvara: La prima è del corpo, la seconda della mente.

E noi non siamo solo questo?
Ishvara: Siete molto di più di un semplice corpo e di una limitata mente.

Siamo multidimensionali?
Ishvara: Siete ancora di più.

L'Assoluto?
Ishvara: Sì, siete i creatori dell'Assoluto.

Come possiamo prepararci al meglio per un viaggio astrale?

Ishvara: Imparando a meditare.

Anche attraverso un viaggio astrale qualcuno malintenzionato potrebbe abusare di noi sessualmente?
Ishvara: Sì.

Potremmo proteggerci, durante il viaggio astrale, con un mantra, che fa sì che non si possano avvicinare delle persone o entità oscure?
Ishvara: È molto consigliato.

Qual è la differenza tra la levitazione e un viaggio astrale?
Ishvara: Potrebbe essere un inizio di viaggio astrale.

La levitazione è quando il nostro corpo fisico si solleva da terra o anche solo il corpo sottile?

Ishvara: Entrambi.

Che differenza c'è tra i due modi di levitare?

Ishvara: Sono simili, semplicemente il fisico è più denso e pesante.

Perché si dà più peso a quello più denso?

Ishvara: Perché è in questo che più vi identificate.

Per questo non significa che la levitazione fisica sia più evoluta di quella sottile?

Ishvara: Sì.

E che relazione c'è tra il teletrasporto e il viaggio astrale?

Ishvara: Sono strettamente interconnessi.

Anche qui c'è la differenza del teletrasporto fisico e quello sottile?

Ishvara: Sì, la mente ha bisogno di separare per capire.

Il teletrasporto, la levitazione e il viaggio astrale non fanno più parte della mente?
Ishvara: Sono parte di essa.

Quando veniamo teletrasportati è come vivere una piccola morte?
Ishvara: Sì, è come quando vi addormentate e vi risvegliate in un'altra realtà.

Potrebbe accadere di essere teletrasportati mentre facciamo un viaggio astrale?
Ishvara: Sì.

Le materializzazioni di oggetti, Vibhuti, Amrita, Lingam, ecc., sono connesse anche al teletrasporto?
Ishvara: Certo.

Quando facciamo delle visualizzazioni e meditazioni guidate queste possono aiutarci ad entrare più facilmente nel viaggio astrale?

Ishvara: Sono un ottimo veicolo.

I viaggi astrali sono molto utili nel cammino spirituale perché c'insegnano a gestire anche la nostra sessualità?

Ishvara: Sì, una delle maggiori cause di sofferenze e di disarmonia.

Si potrebbe mettere incinta una donna per il tramite di un viaggio astrale o teletrasporto?

Ishvara: È difficile e raro.

Gesù Cristo è stato "concepito" in questo modo, perciò Maria era vergine?

Ishvara: Sì.

Tantra Yoga[15]

Il Tantra è la scienza delle posizioni dello Yoga che portano al perfetto controllo di tutte le risorse fisiche e psichiche del corpo umano, restituendo ad esso il suo compito di catalizzatore delle energie che sostengono e animano l'universo. Nel Tantra[16], la copula sessuale è l'arco, il magico arco cosmico che fa da ponte tra il corpo individuale e l'energia cosmica. Alla base di tutto l'erotismo indiano c'è l'idea che la sessualità sia intrinsecamente divina e che l'energia sessuale nell'uomo e negli animali sia la presenza sensibile dell'energia costitutiva dell'universo. Quest'energia, materializzandosi, si manifesta in due polarità dialetticamente complementari: Yoni e Lingah, sesso femminile e maschile (ovvero l'energia femminile e maschile in ognuno di noi, indipendentemente che sia donna o uomo). Questi due principi, che normalmente

---

[15] http://www.umbertoassandri.com/energia-sessuale/
[16] http://libriesoterici.com/Aleister%20Crowley%20%20Il%20Suo%20Modo%20di%20Fare%20 Magia.pdf

si manifestano separati, si possono riunire nel coito tantrico, e allora l'atto si converte in una replica, nel microcosmo umano, dell'unione che esiste nella sostanza primordiale del macrocosmo. Coltivare l'energia sessuale diviene dunque un potente atto sacro, sia per la liberazione del nostro essere, sia per l'elevazione verso il Divino. Lavorare con l'energia sessuale è come lavorare con il fuoco, dobbiamo rispettarla perché è la sorgente della vita di tutto il creato. L'obiettivo delle pratiche tantriche è quello di conservare questa energia, non disperderla ma riciclarla, trasformarla ed elevarla. L'energia sessuale è l'essenza della migliore energia creativa del nostro corpo e disperderla è uno spreco di risorse interne. La natura ci dona un surplus di energia sessuale ma solo una frazione di questa, che è presente nello sperma e negli ovuli, è utilizzata. Quello che rimane può essere usato per la nostra evoluzione spirituale. Controllare, manipolare, canalizzare e innalzare questa preziosa forza vitale senza disperderla, ci aiuta nella nostra trasformazione interiore. La qualità del nostro stile di vita è fondamentale perché si riflette nella maniera in cui facciamo l'amore. Se siamo in sintonia con noi stessi, bilanciati e tranquilli, diventiamo percettivi e questo emergerà nell'atto sessuale, sia in coppia sia singolarmente. Questo ci porta a elevarci agli stati superiori di coscienza. Nelle pratiche tantriche all'uomo è richiesto di controllare l'eiaculazione e non espellere lo sperma, questo per conservare l'energia per gli esercizi spirituali. Alla donna s'insegna come alzare la propria vibrazione e come mantenere questo stato così da sostenere il compagno nell'innalzamento della sua vibrazione. La donna dovrebbe essere abile nell'eccitare il più a lungo possibile l'uomo perché così lei produce un'enorme energia che fluisce verso il suo compagno. Queste pratiche sono molto potenti perché possono aprire la porta delle vite passate oppure aiutare a vedere nel futuro. Bisogna sempre considerare che queste pratiche erano considerate sacre, per questo venivano praticate solamente dai sacerdoti o dalle sacerdotesse. È importante conoscere bene le zone del corpo in questione per fare in modo che siano stimolate in modo opportuno, evitando così eccessi che potrebbero essere dannosi alla propria salute. La masturbazione tantrica, sia maschile sia femminile, comporta la stimolazione degli organi sessuali senza raggiungere l'orgasmo. L'uomo deve avere il controllo dell'eiaculazione, in altre parole lo sperma non deve fuoriuscire, la donna non deve completare l'orgasmo, in entrambi i casi, l'energia sessuale deve essere fatta salire lungo tutti i Chakra fino a raggiungere la sommità del capo (Sahasrara). All'inizio la masturbazione tantrica è praticata da soli, poi ognuno dei due partner stimola l'altro facendo sempre attenzione a non arrivare fino alla fine dell'orgasmo ma sempre fermarsi prima. Ci sarà poi la penetrazione che, con il controllo dell'energia sessuale che sarà innalzata, porterà all'Orgasmo della Valle, un orgasmo di carattere Spirituale e non solamente fisico poiché non ci sarà eiaculazione, ma l'energia sessuale sarà elevata alla massima potenza fino a raggiungere le più alte sfere celesti. Sconsigliamo, comunque, un eccessivo controllo e freno dell'orgasmo poiché riteniamo sia importante anche liberare ogni tanto questa energia facendola scaricare e favorendo così anche un ricambio dello sperma e un rilassamento di tutto quanto il sistema nervoso. Se questa pratica non è eseguita in modo corretto, può portare a degli scompensi energetici, per questo è assolutamente importante non caricare eccessivamente il Chakra radicale e sacrale ma dobbiamo essere in grado di innalzare l'energia sessuale fino ai Chakra superiori. In questo modo, attraverso l'Orgasmo della Valle, assorbiamo l'energia dell'altro diventando così una cosa sola, allora, l'atto sessuale diventa un'unione mistica che, col tempo, non richiede nemmeno più l'atto sessuale per essere sperimentata. Entrambi i partner dovrebbero fare un serio cammino spirituale ed essere uniti da un vero amore per far sì che l'amore tantrico possa fiorire nell'Orgasmo della Valle. Il cambiare spesso partner ci allontana da tutto ciò poiché l'energia viene dissipata. A coloro che sono seriamente interessati a questo argomento, consigliamo di approfondirlo con ulteriori letture e, se possibile, di essere seguiti da un Maestro tantrico competente durante la pratica. La sessualità nel Tantra è un cammino evolutivo verso il Divino, ma essa è solamente un aspetto del Tantra che non è nemmeno il più importante. L'ascesi tantrica avviene essenzialmente, come in tutti gli altri cammini spirituali, attraverso i passi più classici concernenti le diverse discipline ascetiche (meditazioni, servizio disinteressato, preghiere, letture, ecc.).

Le tecniche principali per accrescere l'energia sessuale sono la consapevolezza, il controllo della respirazione e delle contrazioni muscolari. Ci sono anche delle Asana che fanno aumentare l'energia sessuale e una di queste è ad esempio la posizione della tigre. Questa posizione va, infatti, a stimolare la parte bassa della schiena e quindi i surreni, le ghiandole dell'energia (anche sessuale).

Ecco un esercizio semplice da eseguire da soli per stimolare alcuni organi:
Prendere il mignolo e stringerlo nell'altra mano. Il mignolo stimola gli organi escretori e sessuali, l'anulare agisce sullo stomaco e il plesso solare, il medio sul cuore, l'indice sul collo, la gola, gli occhi, la fronte e il pollice trasmette un senso di pace. Quest'ultimo caso è evidente nei neonati quando succhiano il pollice.

Tutte le attività umane, inclusa quella sessuale, se dirette positivamente, possono essere trasformate in strumenti per la liberazione dell'essere. Il segreto sta nell'imparare ad amare in modo trascendentale noi stessi e gli altri, allora il sesso si trasforma in un'elevata esperienza estatica che ci avvicinerà a Dio, perché Dio è la sorgente dell'Amore.

Il sesso sacro è Amore in azione. Tratta te stesso e il tuo partner come fossero i Templi sacri del Divino, cioè, vedi Dio nell'altro e in te stesso. Allora, la sessualità diventerà la via per la "Beata Unione", nella quale il sesso stesso sarà trasceso e quindi l'unione mistica diverrà un fatto. Nel tantrismo il linguaggio è sempre d'amore e gli adepti o gli amanti divengono, nell'unione rituale, coloro che sono andati al di là della dualità e quindi anche della sessualità. Il Tantra propone la trasmutazione della sessualità nell'Amore e, attraverso la meditazione, il raggiungimento del Samadhi (illuminazione, realizzazione del Sé, Nirvana, beatitudine, estasi mistica).

Channeling con Ishvara:

Come mai non dovremmo sprecare l'energia sessuale?

Ishvara: Perché è energia vitale.

Quali sono le conseguenze se esageriamo con la sessualità?

Ishvara: Sfinitezza generale.

Perché quando facciamo sesso dopo ci sentiamo sfiniti? Non dovremmo sentirci ricaricati?

Ishvara: Perché lo fate per scaricare.

Come bisognerebbe invece farlo per caricarsi?

Ishvara: Come forma di meditazione.

Come facciamo a non sprecare energia sessuale?

Ishvara: Imparando a canalizzarla e non reprimerla.

Quando non abbiamo un partner a disposizione che

cosa ci consigli per non reprimerla?

Ishvara: La masturbazione tantrica.

Come masturbazione tantrica intendi esplorare e accettare la propria sessualità in modo consapevole e amorevole senza giudizio?

Ishvara: Esatto, si tratta di riscoprire il vostro corpo e la vostra sessualità.

Impariamo così anche a capire quale partner sessuale ci possa piacere e soddisfare?

Ishvara: Si tratta di riscoprire una nuova sessualità.

E se dovessimo scoprire di essere attratti da un partner dello stesso sesso? Che cosa potrebbe voler dire?

Ishvara: Potreste essere chiamati a riorientarvi.

È malsano fare delle esperienze sessuali con partner dello stesso sesso o essere bisessuali?

Ishvara: No.

Come mai accadono?

Ishvara: I motivi karmici sono molti, ma la repressione la fa da regina.

È vero che di base lo siamo un po' tutti omosessuali o bisessuali?

Ishvara: Sì, i confini non sono mai netti né definitivi.

Come mai la morale sociale e religiosa non riesce ancora ad accettare completamente la diversità sessualità?

Ishvara: Perché è stata malintesa per troppi anni.

Che cosa non è stato capito?

Ishvara: Che ciò che conta è che ci sia amore.

Si può raggiungere il Samadhi anche facendo pratiche tantriche con un partner del nostro stesso sesso, se si è bisessuali, transessuali e se si hanno più partner?

Ishvara: Il Samadhi non nutre alcun pregiudizio.

Anche con la masturbazione tantrica e senza alcun partner potremmo raggiungere il Samadhi?

Ishvara: Anche questo è possibile.

Non c'è il pericolo che dietro ad alcune forme di tantrismo, soprattutto di carattere occidentale, si celino delle pratiche sessuali perverse o addirittura violenti?

Ishvara: Sì, sta a voi discernere come sempre.

Come possiamo proteggerci da eventuali approfittatori?

Ishvara: Usate il buonsenso e dopo seguite il vostro cuore.

Che differenza c'è tra una seduta terapeutica tantrica e un'orgia?

Ishvara: La prima punta all'amore e la seconda al piacere sessuale.

Può capitare che in un incontro di Tantra Yoga possa nascere un atto sessuale di gruppo?

Ishvara: Sì, potrebbe essere parte della terapia.

Ma potrebbe essere visto come un abuso sui clienti?

Ishvara: Sì, per coloro che non sanno capire ciò che sta accadendo.

Per questo sono necessari il consenso dei partecipanti e la massima riservatezza?

Ishvara: Sì.

In che senso potrebbe essere terapeutico un atto sessuale di gruppo?

Ishvara: Potrebbe, ad esempio, aiutarvi a riorientarvi sessualmente.

In alcuni gruppi spirituali o sette l'orgia sembra far parte dei loro rituali. Come mai?
Ishvara: L'orgia è considerata una cerimonia sacra.

Questo nel caso in cui il tutto è fatto come un rituale spirituale e non una semplice orgia di carattere pornografico?
Ishvara: Sono due fini completamente diversi.

L'orgia sacra ha come meta l'unione del gruppo come fratellanza o qual è il motivo di quest'iniziazione?
Ishvara: Riscoprire l'amore universale.

Funziona?
Ishvara: Certo.

Non c'è il rischio di malintesi tra i singoli partecipanti e il rischio di separazioni degli attuali partner per gelosia e possessività?

Ishvara*: Solamente se non siete preparati.

Una forma d'iniziazione tantrica potrebbe essere quella fatta ad occhi bendati?

Ishvara*: Sì, questa è un'ottima pratica tantrica.

Che cosa ci puoi dire dei rapporti incestuosi?

Ishvara*: Ogni forma di violenza andrebbe bandita.

Come mai ci sono dei maestri spirituali ai livelli più alti che praticano Tantra Yoga usando delle prostitute?

Ishvara*: Perché sono delle professioniste.

Come nel caso delle Geishe nella cultura del Giappone?

Ishvara*: Sì, esse sono delle vere e proprie maestre

tantriche.

Le Geishe sono maestre del Kamasutra?
Ishvara: Sì, e non solo.

Sono delle vere e proprie maestre spirituali?
Ishvara: Sì, sono delle sacerdotesse.

Ci sono delle posizioni del Kamasutra più adatte che ci aiutano a raggiungere il Nirvana?
Ishvara: Dipende da volta in volta e da caso a caso.

Questo significa che non ci sono delle posizioni che vanno bene per tutti?
Ishvara: Esatto.

E i Mudra che funzioni possono avere nel Tantra Yoga?
Ishvara: Le stesse dello Yoga classico.

Alcuni maestri spirituali praticano addirittura delle tecniche di Tantra Yoga usando la tecnica dello Yoga del Sogno. Come mai?

Ishvara: L'elaborazione può avvenire anche ad un livello onirico.

Tantra Naked Yoga

Il Tantra Naked Yoga o Yoga nudo, ovvero la pratica di questa disciplina millenaria senza indossare alcun capo di abbigliamento, nasce nel 2014 in Australia. Questa nuova versione "naturista" dello Yoga si è diffusa in tutto il mondo raccogliendo seguaci sia fra le persone comuni che fra i cosiddetti vip. Onde evitare qualsiasi malinteso, va subito chiarito che il Tantra Naked Yoga non è altro che l'insieme delle posizioni dello yoga classico, con in più l'elemento della nudità. Non indossare nulla durante le varie posizioni, nemmeno la biancheria intima, è un grande aiuto per aumentare la nostra autostima e, di conseguenza, porta enormi benefici nella sfera sessuale. Il Tantra Naked Yoga è molto più di un'attività di semplice fitness, è soprattutto una pratica di autoaccettazione, con la quale impariamo ad amare il nostro corpo così com'è, qualunque siano le sue forme e le sue imperfezioni.

Le lezioni di Tantra Naked Yoga andrebbero tenute in spazi caldi e illuminati solo da candele o da luci soffuse, questo per creare un ambiente che ci permetta di sentirci maggiormente a nostro agio, ovvero rilassati e protetti. I partecipanti si siedono in cerchio e tolgono insieme l'accappatoio, creando così uno spazio sacro, sicuro e intimo nel quale sentirsi a proprio agio. Nel Tantra Naked Yoga è di fondamentale importanza la pratica dell'abbraccio, che serve per liberarsi dalla vergogna ed entrare in contatto con gli altri. Anche se all'inizio questa pratica era piuttosto indirizzata ad un pubblico prettamente femminile, ha ben presto conquistato anche gli uomini. Praticarlo all'aperto, in luoghi isolati, è un modo per sentirsi liberi e in sintonia non solo con il proprio corpo ma anche con la natura.

Meditazione[17]

Praticando la meditazione nuda, si è in grado di disconnettere il corpo fisico dalla sua natura sessuale, e accettare chi si è veramente.

Chiudi gli occhi, e medita ricordando che non c'è nulla di cui vergognarsi. Togliti gli occhiali, i monili e ogni cosa di valore che in realtà non appartiene al tuo corpo, e diventa una cosa sola con l'Universo, come sei davvero destinato ad essere nella tua Vita.

Channeling con Ishvara:

Non c'è il rischio che dietro ad alcune forme di Tantra Naked Yoga si nascondano malintenzionati?

Ishvara: Quelli ci saranno sempre.

---

[17] https://www.bergamonews.it/evento/meditare-stando-nudi-bergamo-la-pratica-arriva-dagli-stati-uniti/

Come discernere?

Ishvara: Usate il buonsenso e ascoltate il vostro cuore.

Come possiamo proteggerci da eventuali disagi creati da partecipanti ambigui?

Ishvara: Parlatene agli insegnanti.

E se ci si eccita senza volerlo come comportarsi?

Ishvara: Questo è parte della terapia e va lasciato spegnere spontaneamente.

Per chi ha subito degli abusi sessuali il Tantra Naked Yoga potrebbe aiutare?

Ishvara: È molto adatto.

Per quale altro tipo di disturbo sessuale potrebbe essere adatto?

Ishvara: L'impotenza sessuale in generale.

E per coloro che soffrono di ninfomania?

Ishvara: Imparano a controllare la loro energia sessuale.

Lo scopo sarebbe imparare ad armonizzare e gestire la sessualità?

Ishvara: Sì.

Sarebbe opportuno fare alla fine della lezione un momento di scambio di esperienze?

Ishvara: Sì, e parlare di eventuali disagi.

E questo anche nudi?

Ishvara: Sì.

Che cos'altro è consigliabile fare in una lezione di Tantra Naked Yoga?

Ishvara: Sempre dire di accettare le proprie

imperfezioni.

Imparare ad accettarci sempre di più così come siamo fino ad amarci?

Ishvara: Sì, mettere sempre meno l'attenzione sugli inestetismi corporei.

Anche per questo tipo di Yoga la meditazione con il mantra può aiutare a rimanere più sereni nell'affrontare la nudità?

Ishvara: Sì, è un ottimo esercizio di centratura.

Consigli quindi di lavorare principalmente sulla centratura?

Ishvara: Ogni gesto andrebbe fatto in piena consapevolezza, per questo la meditazione vi aiuta ad essere centrati.

Fare delle Asana più statiche e in modo lento e più

consapevole ci aiuta anche ad essere più centrati?

Ishvara: Sì, ed essere nudi vi aiuterà ad aprirvi ancora di più.

E lavorare sui 7 chakra?

Ishvara: Sì, e soprattutto i primi, che sono troppo spesso dimenticati.

Come riconoscere degli insegnanti seri e competenti del Tantra Naked Yoga?

Ishvara: Ascoltate sia il cuore che la mente.

Perché dovrebbe far bene il Tantra Naked Yoga?

Ishvara: Soprattutto a coloro che hanno disturbi sessuali.

Fare lo Yoga nudi o vestiti, che cosa cambia se uno ha un buon rapporto con il proprio corpo e la sessualità?

Ishvara: È un'ulteriore messa alla prova.

Farlo da soli a casa potrebbe essere molto terapeutico?

Ishvara: Sì, ma poi va fatto in gruppo.

Ci sono degli effetti collaterali?

Ishvara: Solo in caso di eccesso.

Può capitare che qualcuno si senta male perché troppo a disagio o perché sta vivendo un trauma, come comportarsi in questi casi?

Ishvara: Abbracciatelo tutti insieme.

Il Tantra Naked Yoga potrebbe essere consigliato ai bambini?

Ishvara: Sarebbe molto educativo.

Sarebbe consigliato per tutti?

Ishvara: Sì, e per tutte le età.

In che modo possiamo collegare il Tantra Naked Yoga con il Karma Yoga?

Ishvara: Tutto è karmico.

Possiamo affrontare dei temi karmici connessi alla sessualità?

Ishvara: Le lezioni portano a galla proprio queste tematiche.

Tu potresti fare delle iniziazioni tantriche a livello sottile per aiutare a sbloccare disturbi sessuali dei partecipanti?

Ishvara: Sì.

Lo scopo finale del Tantra Naked Yoga è trasmutare l'energia sessuale?

Ishvara: Sì, elevare l'energia sessuale verso il divino.

Bibliografia

Libri

- Ishvara Amrita Yoga: Il Nettare dell'Immortalità e la realizzazione del Sé, di Bitterli, Maria Theresia e Bordoli, Dawio, BoD 2019.
- Chakra Yoga, di Bitterli Maria Theresia e Bordoli, Dawio, BoD 2014.

Internet

- http://www.cure-naturali.it/chakra/978/svadhishtana-secondo-chakra/682/a
- https://www.bergamonews.it/evento/meditare-stando-nudi-bergamo-la-pratica-arriva-dagli-stati-uniti/
http://www.dimensionesonno.it/dormirebene_qualitae quantitadelsonno.html
- https://eventiyoga.it/meditazione-kundalini/

-http://ilfornoalchemico.blogspot.com/2014/05/tantra-delle-mano-destra-e-della-mano.html

http://paoloproiettiadvaitavedanta.blogspot.ch/2013/11/viaggi-astrali.html

- http://www.umbertoassandri.com/energia-sessuale/

- https://lameditazione.com/tantra-yoga/

http://libriesoterici.com/Aleister%20Crowley%20%20Il%20Suo%20Modo%20di%20Fare%20Magia.pdf

- https://it.qwe.wiki/wiki/Left-hand_path_and_right-hand_path#Left-Hand_Path_relation_to_Tantra_in_Buddhism

- http://www.yogapradipika.ch/storia.html

- http://vandermast.altervista.org/Viaggi_Astrali.htm

http://www.vajrayana.it/TWO%20KHENPOS%20%20Iniziando%20a%20praticare%20lo%20Yoga%20del%20Sogno.pdf

- https://it.wikipedia.org/wiki/Karma_Yoga

Biografia

Dawio Bordoli

Insegnante di Yoga sciamanico, musicoterapista, suona Bhajan/Kirtan da oltre 20 anni, costellatore immaginale, master Reiki, channelor e autore di 19 libri sulla crescita personale e spirituale.

Maria Theresia Bitterli

Master of Art in Counseling relazionale e counselor immaginale diplomata, bachelor in scienza della comunicazione, drammaterapista diplomata, arteterapista, master Reiki, naturopata, costellatrice immaginale, channelor, insegnante di Yoga diplomata (AuyrYoga, Yesudian, Yin Yoga, Yoga restorativo, Yoga sciamanico, Kundalini Yoga e Yoga terapeutico), astrologa, cartomante (lenormand, tarocchi e angeli) e autrice di 31 libri sulla crescita personale e spirituale.

ISHVARA

Ishvara è un Essere infinito, universale e impersonale, l'Assoluto, il Sé, il silenzio, l'eternità. È l'Assoluto ma anche la sua manifestazione. Infinite vite ha vissuto, vive, e vivrà, come tutte le onde dell'oceano. Come oceano non è separato dalle infinite onde. Non è separato da noi. È immanenza e trascendenza nel medesimo istante. Essere che conosce solo luce, solo unione, non conosce un voi e un noi, un io e un tu.

In questa manifestazione, una delle infinite, ci ricorda la via dell'essenza, la via della chiarezza diretta, che mira sempre dritta alla sorgente, la via che invita a realizzare quello spazio che precede la mente, quello spazio di silenzio, quello spazio senza spazio e tempo, di amore, unione, pienezza e pace infinita. Invita tutte le onde a realizzare di essere sempre state realizzate, di essere sempre state l'oceano, l'Assoluto, l'infinita pura coscienza universale e impersonale.

Ishvara ha contattato per la prima volta Therry e Dawio il 29 giugno 2017 alle ore 16.00 per dare degli insegnamenti a coloro che glieli richiederanno. Tutti i suoi insegnamenti sono stati pubblicati. Dal 25 luglio 2015 Therry e Dawio stanno vivendo continuamente diverse benedizioni e miracoli di ogni genere come ad esempio materializzazioni di Vibhuti, Amrita, Lingham, Anello, statue, pietre ecc...

LIBERTÀ - LUCE - AMORE

www.ishvarashvram.com